KNAUR

Über die Herausgeberin:

Iris Hechenberger hat die Gymnasialzeit in Bayern nur durch die dämlichen Sprüche ihrer Lehrer unbeschadet überstanden. Dank zweier Schwestern im schulpflichtigen Alter sitzt sie noch immer an der Quelle für die besten Zitate.

Iris Hechenberger (Hrsg.)

WER SPICKT, WIRD ERSCHOSSEN

DIE BESTEN LEHRERSPRÜCHE

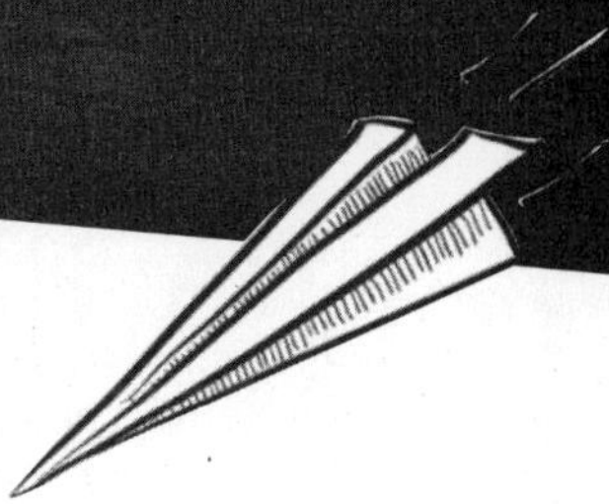

KNAUR

Besuchen Sie uns im Internet:
www.knaur.de
Wir sind auch bei Facebook:
www.facebook.com/Wer spickt

FSC
www.fsc.org
MIX
Papier aus verantwortungsvollen Quellen
FSC® C083411

Originalausgabe Mai 2013
Knaur Taschenbuch

Ein Unternehmen der Droemerschen Verlagsanstalt
Th. Knaur Nachf. GmbH & Co. KG, München

Umschlaggestaltung: ZERO Werbeagentur, München
Umschlagabbildung: FinePic®, München
Satz: Adobe InDesign im Verlag
Druck und Bindung: CPI – Clausen & Bosse, Leck
Printed in Germany
ISBN 978-3-426-78605-5

2 4 5 3

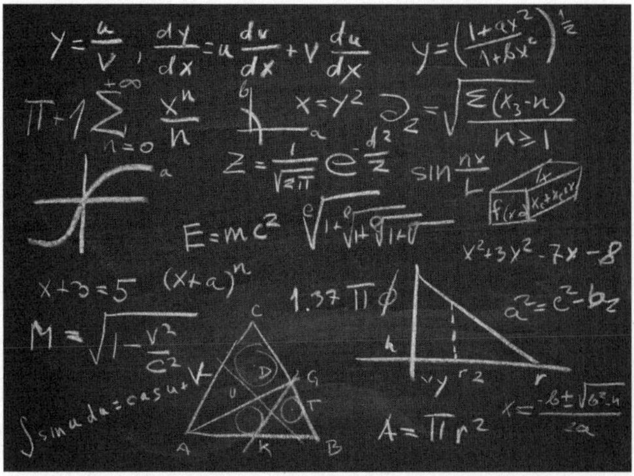
E=mc²
x+3=5
(x+a)ⁿ
x=y²
A=πr²
x²+3x²-7x-8

Inhalt

1. Stunde
Wer zu spät kommt, den bestraft der Lehrer
9

2. Stunde
Lieber Unterricht als gar keinen Schlaf
47

Kleine Pause
85

3. Stunde
Mathe ist ein Arschloch
93

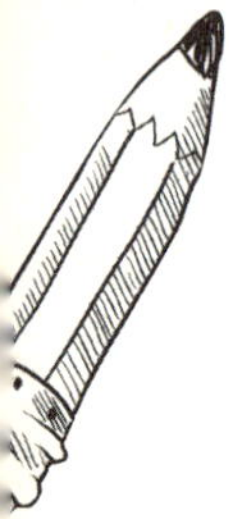

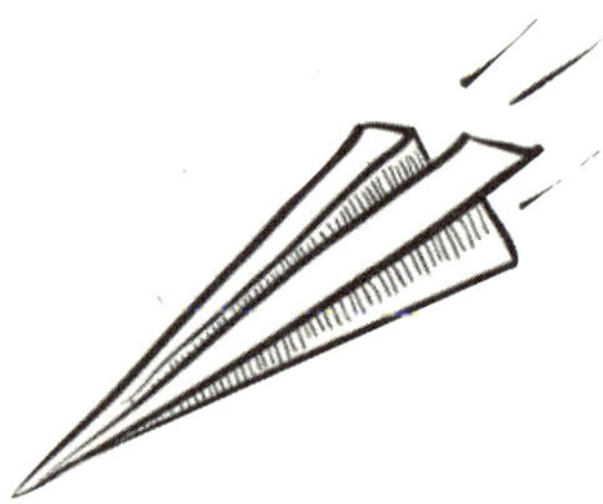

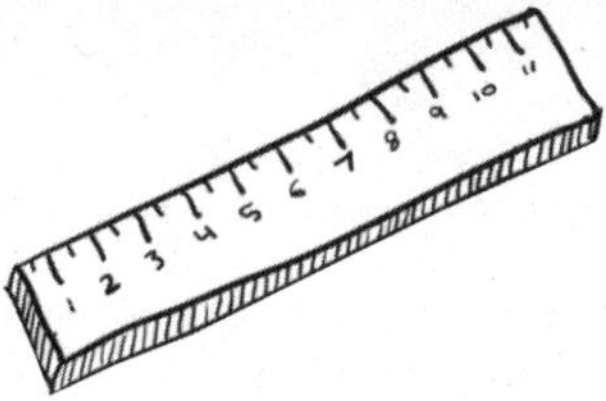

4. Stunde
Wer den Himmel auf Erden sucht,
hat im Erdkundeunterricht geschlafen
131

Große Pause
167

5. Stunde
Dumm geboren, nichts dazugelernt
und die Hälfte wieder vergessen
173

6. Stunde
Manche lernen's nie, einige noch später
211

Bildnachweis
247

1. Stunde

Wer zu spät kommt, den bestraft der Lehrer

$a^2 = b^2 + c^2$

Mathelehrer in der ersten Stunde: »Einen schönen guten Morgen, Herren sind herrlich, Damen sind dämlich. So, dann können wir ja jetzt zu Mathe übergehen.«

$1 + 1 = 2$

Ein als gemein bekannter Lateinlehrer sieht sich am ersten Schultag nach den Sommerferien die Klasse an: »Diese Klasse ist zu voll, ein paar von euch müssen sitzenbleiben, und ich weiß auch schon, wer ...«

Physiklehrer: »Chemie ist das, was knallt und stinkt, Physik ist das, was nie gelingt.«

Lehrer: »Ich hätte schon wieder Lust, die Tafel abzubauen und euch damit zu erschlagen.«

Lehrerin bei der Anwesenheitskontrolle am Morgen: »Hier muss doch noch einer sein, der nicht da ist!«

Schülerin kommt morgens zu spät zum Unterricht: »Entschuldigung, ich konnte mich nicht entscheiden, was ich anziehen soll.«
Lehrer: »Und DAS ist dabei herausgekommen?«

Lehrerin zu Schüler: »Ich überfordere dich jetzt ein wenig, aber das schadet ja nicht.«

Lehrer: »Das wär dann das Positivste, dass dann nicht mehr so viele Frauen Lehrer wären.«

Lehrer: »Ich hab grad im Flur einen weinenden Fünftklässler gesehen, der seinen Raum nicht gefunden hat. Ich hab mir gleich seinen Namen für die Lehrerkonferenz notiert. Wenn der nicht mal seinen Raum findet, gehört der gleich runter vom Gymnasium.«

Lehrerin: »Was sind denn Musen?«
Schülerin: »Äh, irgendwas aus dem Griechischen.«
Lehrerin: »Na ja, ›irgendwas aus dem Griechischen‹ kann vieles sein. Der Schuldenberg der EU ist auch aus dem Griechischen.«

Englischlehrerin: »The Terrorists! Äh, the theorists!«

Mathelehrer: »Die Logarithmen sind alle miteinander verwandt, reine Inzucht ist das.«

Lehrer: »Also, Schwangerschaft muss man nicht angeben, Vorstrafen, das weiß ich nicht – obwohl, das ist ja fast das gleiche.«

Biologielehrerin über das Kurzzeitgedächtnis: »Stell dir vor, das Rind hat kein gutes Kurzzeitgedächtnis, steht am Wasser, und dann kommt ein Krokodil raus. Das Rind kann entkommen, dreht sich um und denkt: ›Oh, Wasser!‹«

Lehrerin: »Das ist mein erster Blick am Donnerstagmorgen – in die Zeitung. Zuerst die Todesanzeigen und dann das Nachtleben.«

Lehrer: »Ich bin von lauter Pfeifen umgeben. Da könnte man glatt 'ne Orgel bauen.«

Lehrer: »Das Einzige, was sich in eurem Kopf bewegt, ist ein Kaugummi.«

Lehrer im Gespräch mit muslimischer Schülerin: »Wenn Sie mal Husten haben, wie ist das dann mit Medizin?«
Schülerin: »Es gibt ja auch Medikamente ohne Alkohol.«
Lehrer: »Wie, ohne Alkohol? Wozu hab ich dann Husten?«

Lehrer: »Dummheit frisst, Intelligenz säuft!«

Lehrer, nachdem er Schüler abgefragt hat: »Um es in DSDS-Worten zu sagen: Du bist jetzt im Recall.«

Lehrer: »Wenn die Körpertemperatur höher ist als der Intelligenzquotient, dann wird's kritisch.«

Schüler: »Frau Henkel, darf ich die Tafel löschen?«
Fr. Henkel: »Wieso, brennt sie?«

Englischlehrerin: »Es stimmt nicht, dass man eine schlechtere Note bekommt, wenn der Lehrer einen nicht mag. Aber es kann sein, dass man in einem Fach besser ist, wenn man den Lehrer sympathisch findet. Das erklärt auch, warum ihr in Englisch so gut seid.«

Schüler kommt zu spät.
Französischlehrerin: »Ja, wo kommst du denn her?«
Schüler: »Mein Bus hatte Verspätung.«
Französischlehrerin: »Dann sagst du nächstes Mal zum Busfahrer: ›Drück aufs Gas, Alter, ich muss zu Französisch!‹«

Lehrerin, aus Russland stammend: »Wenn ihr nicht gleich ruhig seid, dann bumse ich mit der Tür!«

Lehrer: »Wir leben im Zeitalter hochintelligenten Schwachsinns.«

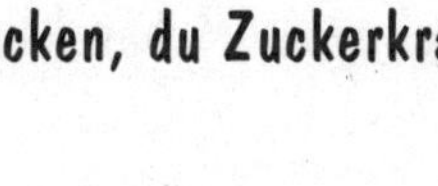

Lehrer: »Lass das Zucken, du Zuckerkranker!«

Lehrer zu Schüler: »Was hast du gesagt?«
Schüler: »Nichts.«
Lehrer: »Ist ja interessant.«

XYZ

Lehrer zu zu spät kommendem Schüler: »Lassen Sie mich raten – Ihr Auto ist wohl stehengeblieben oder rückwärtsgefahren?«

Lehrer zu Schüler: »Wenn ich so höre, was du immer von dir gibst, dann glaube ich, dass man auch nach einem Hirninfarkt glücklich weiterleben kann.«

Chemielehrer: »Schwefelverbindungen sind heute in aller Munde – wenn Wein getrunken wird.«

Lehrerin: »Die Fragen können gar nicht so dumm klingen, wie Sie sind.«

Schüler: »Alex hat 'nen Vorschlag für den Wandertag! Geh'n wir in 'ne Stripbar!«
Lehrer: »Nee … ist zu teuer! Vor allen Dingen müssten wir erst mal eine finden, in der sie mich noch nicht kennen.«

Lehrer, verärgert über die wiederholte Verspätung einer Schülerin: »Seit der Geburt noch nichts erreicht außer Gewichtszunahme, aber sich alles Mögliche leisten!«

Lehrer zu Schüler: »Es gibt Menschen, die die Zeitung lesen, und Menschen, die sich damit zudecken. Noch hast du die Wahl, was du später machst.«

Lehrerin: »Ich hab mich schon lange an mich gewöhnt, ihr müsst es jetzt auch.«

LEHRERIN KRAMT IN IHRER TASCHE:
»HEFT WEG, TEXT WEG, KOPF WEG ...«
SCHÜLERIN: »KANN ICH AUFS KLO?«
LEHRER: »ICH HOFFE, DU KANNST DAS, NACH DER STUNDE!«

Schüler: »Die wichtigsten Dinge sind aber noch da.«
Lehrerin: »Was halten Sie denn für die wichtigsten Dinge?«

Lehrerin zu Schülerin: »Dein Mundwerk bedarf dringend einer Behandlung!«

Schülerin: »Ich muss nichts sagen, ich hab ein Recht auf freie Meinung.«
Lehrer: »Dann spielen wir jetzt mal Ostblock. Los, sag was!«

Lehrer: »Lernen ist wie Rudern gegen den Strom, sobald man aufhört, bleibt man zurück.«

Lehrerin: »Das Alter zwischen 12 und 14 ist das Stadium, in dem der Schritt vom Affen zum Menschen noch nicht ganz vollzogen wurde.«

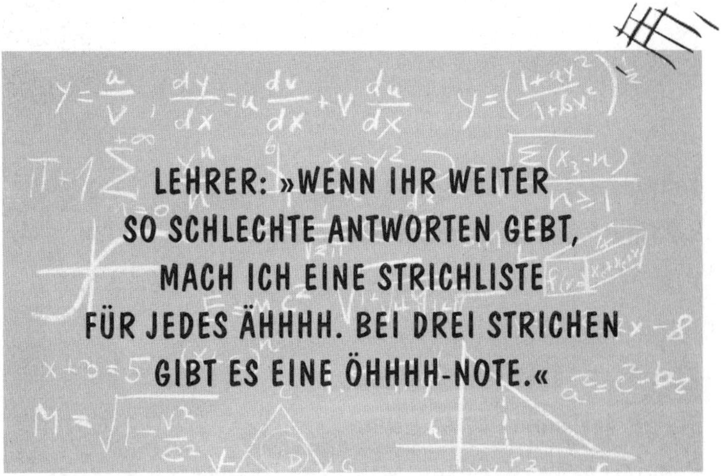

LEHRER: »WENN IHR WEITER SO SCHLECHTE ANTWORTEN GEBT, MACH ICH EINE STRICHLISTE FÜR JEDES ÄHHHH. BEI DREI STRICHEN GIBT ES EINE ÖHHHH-NOTE.«

Deutschlehrerin: »Das ganze Gedicht ist bekifft.«

Schülerin: »Darf ich mal aufs Klo?«
Lehrerin: »Sag mal, warst du nicht erst letzte Woche?«

Lehrer: »Einmal, als ich in der Kirche war, da hat doch tatsächlich jemand vor mir eine Zigarette angezündet. Da ist mir fast das Bier aus der Hand gefallen!«

Lehrerin verkündet zu Beginn der Stunde, dass sie eine Stegreifaufgabe schreiben will: »Schließt bitte eure Unterlagen inklusive dem Mund!«

Lehrer zu Schülerin:
»Du hast nix drauf außer Zahnbelag!«

Lehrerin: »Tobi, sei endlich ruhig, sonst platzt hier gleich der Mond!«
Schüler: »Was ist denn, wenn der irgendwann wirklich platzt? Was machen Sie dann?«
Lehrerin: »Da mach dir mal keine Sorgen, ich habe schließlich ein ganzes Universum zur Verfügung.«

Englischlehrer: »I am total from the role.«

Schülerin: »Spielen wir was?«
Lehrer: »Ja, wir spielen Schule.
Ich bin der Lehrer, und ihr passt auf!«

Lehrer: »Ich geb dir lieber eine Strafaufgabe,
den Verweis steckt ihr euch sowieso ins Klo.«

Lehrerin: »Und wer mir jetzt widerspricht, bekommt eine sechs!«

Lehrer: »Ich muss euch knebeln,
dafür werde ich bezahlt.«

Schüler kommt zu spät: »Ich hab verschlafen …«
Lehrerin: »Dennis, es ist fünf vor elf!«

Schülerin: »What means ›steif‹ in English?«
Lehrer: »Well, that depends on what you referring to …«

Lehrer: »Wenn du nicht still bist, schneid ich dir ein Ohr ab, ich sammle die Dinger.«

Schüler: »Machen wir doch 'ne Witzestunde!«
Lehrer: »Nein.«
Schüler: »Aber Ihre Stunde ist immer ein Witz.«
Lehrer: »Okay, gut, dann schreibe ich unter eure Klausuren in Zukunft auch drunter: Das ist wohl ein Witz!«

Lehrer zu Schüler: »Selbst eine Eintagsfliege hat mehr Zukunft als du!«

Lehrer: »Ich bin gerne Lehrer, weil ich gerne Schüler quäle!«

Lehrerin: »Lehrer sind wie Haustiere. Man muss sie richtig erziehen, dann kann man auch mit ihnen leben.«

Lehrer: »Was ist ein Pole ohne Hände? – Eine Vertrauensperson.«

Schüler sucht nach einer Ausrede, weil er zu spät kommt: »Ich hab den Raum nicht gefunden!«
Lehrer: »Entweder du hältst mich für vollkommen bescheuert, oder du bist viel zu dumm fürs Gymnasium. Also, was wählst du?«

Lehrer: »Der Fieseste hier im Raum bin ich!«

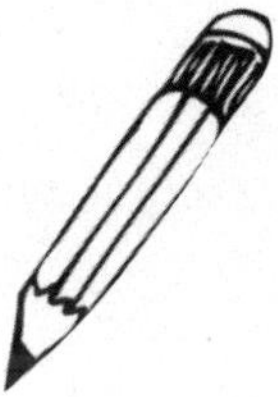

Lehrer zu Schüler, der öfter bei Klausuren fehlt: »Ich erwürge dich, wenn du nicht da bist!«

Lehrer: »Ihr seid eine intellektuelle Katastrophe, ein kognitiver Super-GAU.«

Lehrerin: »So, ich suche mir jetzt mal zwei Freiwillige aus ...«

Lehrer: »Wer wischt die Tafel? Der wird nicht abgefragt!«
Ein Schüler sprintet nach vorne.
Lehrer: »Ach, schön, diese kleinen Erpressungen.«

Lehrer zu Schüler: »Jetzt hör mal auf zu kippeln. Sonst spritzt hier noch Blut rum, und das passt nicht gut zu meinem grünen Hemd.«

Matheunterricht in der 1. Stunde. Lehrer: »Jetzt mal jemand anders. Thomas?«
Thomas: »Schauen Sie mich nicht so an. Ich schlaf noch.«
Lehrer: »Oh. Entschuldigung.«

Lehrer sieht ein zertretenes Ei auf dem Boden: »Das ist kein iPhone mehr, eher iMatsch.«

Lehrerin zu Schülerin: »Du hast die Konzentrationsfähigkeit eines mittelgroßen Regenwurms.«

Lehrerin: »Florian, jetzt hab ich deinen Vornamen vergessen ...«

Schüler: »Sagen Sie mal was Lustiges, wir brauchen noch einen Spruch für die Schülerzeitung.«
Lehrer: »Unter Druck kann ich nicht arbeiten.«

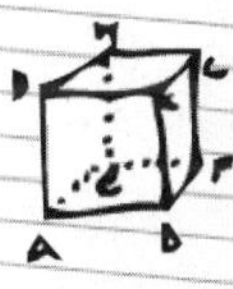

Lehrerin: »Es gibt nicht nur unbekannte, sondern auch bekannte Flugobjekte, und eins fliegt gleich dahinter in die letzte Reihe!«

Lehrer: »Erst passen Sie nicht auf, dann schreiben Sie eine fünf, und dann fragen Sie, ob Sie ein Referat halten dürfen. Dann sag ich: nö!«

Schülerin: »Herr Reiner, schätzen Sie mal, wie alt ich bin!«
Lehrer: »Lass mal lieber. Bei Frauen das Alter zu schätzen, ist wie Topfschlagen in einem Minenfeld.«

Lehrer: »Ich habe zweierlei Gründe, deine Argumentation abzulehnen. Erstens bin ich unfehlbar. Und zweitens würde ich meine Unfehlbarkeit nicht für dich einsetzen.«

Lehrerin zu Schülerin: »Dein Gehirn muss ja aussehen wie ein Schneckengang!«

Lehrer: »Wenn ihr so weitermacht, mach ich euch so klein, dass ihr unter dem Linoleum aufrecht stehen könnt.«

Lehrerin: »Wenn ihr wollt, kann ich euch das auch alles runterreihern!«

Lehrer: »In Deutschland gibt es für alles Vorschriften. Die EU gibt sogar den Krümmungswinkel des Zeigefingers beim Nasebohren vor.«

Lehrer: »Ich glaube, ich hab einen Augentinnitus, ich seh nur Pfeifen.«

Lehrerin: »Ich hab jetzt auch so ein Popelding, wo man da so rumnippeln kann. Wie heißt das gleich? Ach ja, Smartphone.«

Lehrer: »Zum Nachdenken muss der Körper harmonisch am Nachdenken teilnehmen.«

Lehrerin: »Mir egal, ob ihr aufpasst. Ich bekomm auch so mein Geld.«

Lehrer: »Wenn ich heute Nachmittag einen Arbeitsanfall kriege, fange ich mit der Korrektur der Klassenarbeit an. Oder ich setze mich in die Ecke und warte, bis der Anfall vorbei ist.«

SCHÜLER NACH EINER FALSCHEN ANTWORT: »ICH BIN JA SO BEHINDERT!«
LEHRERIN: »DAS SIND SO SACHEN, DIE MAN SICH MANCHMAL DENKT. ABER ICH DARF DAS JA NICHT SAGEN.«

Lehrer: »Ich bin nicht perfekt, ich sehe nur so aus.«

Lehrer: »Wenn ihr nicht sofort aufhört zu quatschen, schmeiß ich euch aus dem Fenster!«

Physiklehrer: »Ich hatte gerade zehn Ampère in der Hand und lebe immer noch.«
Schülerin: »Warum?«
Lehrer: »Physiklehrer sind unsterblich.«

Deutschlehrerin unter dem Aufsatz eines Jungen: »Ich mag deinen Schreibstil. Du wirst mal eine Frau sehr glücklich machen!«

Sportlehrer: »Lauf bitte gegen meine Faust, damit es wie ein Unfall aussieht. Ich darf keine Schüler schlagen.«

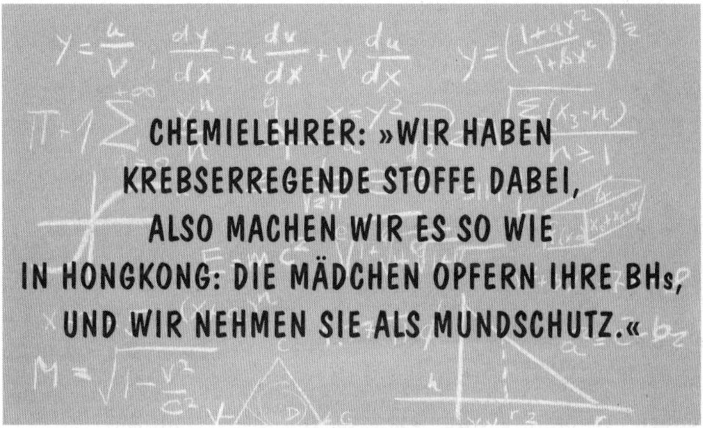

CHEMIELEHRER: »WIR HABEN KREBSERREGENDE STOFFE DABEI, ALSO MACHEN WIR ES SO WIE IN HONGKONG: DIE MÄDCHEN OPFERN IHRE BHs, UND WIR NEHMEN SIE ALS MUNDSCHUTZ.«

Schüler kommt eine halbe Minute zu spät, Lehrer trägt irgendwas ein.
Schüler: »Die dreißig Sekunden schreiben Sie jetzt aber nicht auf, oder?«
Lehrer: »Nö, ich mach eine Minute draus.«

Lehrer: »Hier geht's zu wie im Lesesaal eines Altenheims. Was einem in die Rübe schießt, wird losgebrabbelt.«

Lehrer, während die Schüler eine Klassenarbeit schreiben: »Ach, das ist schön, wenn andere arbeiten!«

Lehrer: »Es gibt so Tage, da würde ich mich auch lieber hinten reinsetzen und blöde Sprüche klopfen.«

Lehrer: »Das ist nicht Dünnbrettbohrerei, das ist Furnierdurchstoßen.«

Lehrer zu Schüler, der ständig den Unterricht stört: »Sei ruhig, sonst hast du gleich drei Zähne weniger. Dann bist du nicht mehr der begehrte Junggeselle.«

Schüler zu Lehrer: »Sie sind ein Sadist!«
Lehrer: »Klar, sonst wär ich ja nicht Lehrer geworden.«

Lehrer: »Macht nichts, wenn ihr zu spät kommt. Ich bin auch nicht immer der Pünktlichste. Hauptsache, ihr lasst euch nicht vom Chef erwischen!«

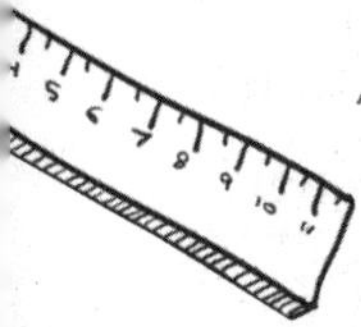

Lehrer: »Julian, hat dich schon mal jemand genüsslich gewürgt?«

Ein Schüler hat die erste Stunde versäumt und will die Entschuldigung »wegen morgendlicher Übelkeit« abzeichnen lassen.
Lehrer: »Aha, Kevin, bist du schwanger?«

Lehrerin zu Schüler: »Wenn Dummheit schnell machen würde, müsstest du bergauf noch bremsen.«

Schüler: »Was soll ich mal werden, Herr Kurz?«
Lehrer: »Am besten, du wirst Astronaut.«
Schüler: »Wieso denn ausgerechnet Astronaut?«
Lehrer: »Weil ich dich jetzt schon auf den Mond schießen könnte!«

Lehrer: »Ich habe wirklich nichts gegen Frauen, ich bin nur vorsichtig, wenn ich eine von ihnen Auto fahren sehe.«
Schülerin: »Ich habe aber gelesen, dass die meisten Unfälle von Männern gebaut werden.«
Lehrer: »Ja, was sollen wir machen, wir können ja nicht allen Frauen ausweichen!«

Lehrer schreibt gerade etwas an die Tafel: »Ich hör da immer noch Stimmen!«
Schüler: »Also, wenn Sie Stimmen hören, ich könnte Ihnen da einen guten Therapeuten empfehlen.«
Lehrer dreht sich um, mustert den Schüler: »Nö, zu dem geh ich nicht, der hat dir auch nicht geholfen.«

$a^2 = b^2 + c^2$

Lehrer: »Früher haben wir immer gesagt: Am Morgen ein Joint, und der Tag ist dein Freund.«

Lehrer: »Wer das nicht weiß, wird mit Katzendreck erschossen!«

Lehrer zu Schüler: »Strebsamkeit soll belohnt werden! Du darfst jetzt die Tafel putzen.«

Lehrer zu Schüler: »Es würde mich nicht wundern, wenn dir bald mal jemand eine Kiste Bananen schenkt.«

Lehrer: »Schade, dass es die Methode mit dem Rohrstock nicht mehr gibt, die hättet ihr jetzt verdient.«

Schüler: »Warum sind Sie eigentlich immer so böse zu uns?«
Lehrer: »Weil ich zu Hause nichts zu melden hab.«

Schwangere Lehrerin ruft Schüler 1 auf, dieser reagiert nicht. Er wird von seinem Banknachbarn angestupst: »Du bist dran, Mann!«
Schüler 1: »Hm? Jetzt fick dich, Alter, lass mich in Ruhe!«
Lehrerin: »Hallo? Ich bin schwanger! Mein Kind hört das alles! Nachher kommt das raus und sagt nicht ›Mama‹ sondern ›fick dich‹!«

Lehrer: »Die alten Griechen haben in Erdspalten geschnuppert, das nannten sie dann Orakel.«

Lehrerin zu Schülerin: »Du bist ja langsamer als eine querschnittsgelähmte Nacktschnecke.«

Lehrer zu Beginn des Schuljahres in einer neuen Klasse: »Ich habe nicht vor, sehr viele Stegreifaufgaben zu schreiben.«
Allgemeines Beifallsgemurmel in der Klasse.
Lehrer: »Nein, nicht, um euch zu schonen, ich habe bloß keinen Bock, so viel zu korrigieren.«

Lehrer: »Sorry, ich bin grad auf dem Schwanz gestanden …«

BJÖRN KOMMT ZU SPÄT IN DEN UNTERRICHT.
LEHRERIN: »BJÖRN, WO KOMMST DU DENN JETZT HER?«
BJÖRN: »DRAUSSEN HAT ES SO GEREGNET, UND WEIL MEIN AUTO KAPUTT IST, MUSSTE ICH ZU FUSS GEHEN, UND WEIL ICH MICH NICHT ANREGNEN LASSEN WOLLTE, HABE ICH GEWARTET, BIS ES AUFGEHÖRT HAT.«
LEHRERIN: »ICH GLAUBE, DU HAST NICHT MEHR ALLE TASSEN IM SCHRANK.«

Lehrer: »Da sitzen ein paar Schlaumeier in der Wüste und bringen ihre Wahnvorstellungen zu Papier. Dann wird das Ganze zu einem Buch zusammengefasst, das heißt dann Bibel.«

Lehrer: »Der Nächste, der schwätzt, darf mit mir zum Angeln – als Wurm am Haken.«

Lehrer: »Wir können so nicht weitermachen, ich kann euch die Banalitäten nicht immer in den Arsch reinschieben!«

LEHRER: »ORDNUNG IST DAS HALBE LEBEN, ABER WER MACHT SCHON HALBE SACHEN?«

Lehrer: »Bevor ich bis 65 arbeite, laufe ich lieber nackt auf dem Pausenhof herum.«

Lehrer: »War das Mädchen brav, wird sie konkav. Hatte sie Sex, wird sie konvex.«

Lehrer: »Die geballte Ahnungslosigkeit hat wieder zugeschlagen!«

Lehrer: »Männer werden reifer, Frauen faltiger.«

Lehrer: »Als Gott den Wissensstand der 8C sah, drehte er sich um und weinte bitterlich.«

SCHÜLER KOMMT ZU SPÄT ZUM UNTERRICHT.
LEHRER: »UND, WAS IST BEI DIR SO SCHIEFGELAUFEN?
NICHT DIE GANZE LEBENSGESCHICHTE.
NUR DIE LETZTEN ZEHN MINUTEN.«

Lehrer: »Marco, du hältst jetzt den Mund, sonst muss ich mit irgendwas Schwerem nach dir werfen!«

LEHRER: »DIE GEBRÄUNTEN VON HEUTE SIND DIE BACKPFLAUMEN VON MORGEN.«

Lehrer: »Benjamin, willst du noch mal abgefragt werden vor dem Zeugnis?«
Schüler: »Wieso, ich steh doch auf Eins minus.
Das Minus sieht man im Zeugnis ja nicht.«
Lehrer: »Ja, aber das Plus bei der Zwei auch nicht.«

Schülerin: »Können Sie nicht mal ein bisschen langsamer reden?«
Lehrer: »Nein, ich finde, du musst ein bisschen schneller zuhören.«

Lehrer: »Der Feminismus wurde nur erfunden, um hässliche Frauen in die Gesellschaft zu integrieren.«

Lehrerin: »Als Schüler ist man immer im Nachteil.«

Lehrer zu schläfrigem Schüler: »Du brauchst deinen Kopf nicht aufstützen, Hohlkörper schweben in der Luft.«

Lehrer: »Zu Hause muss man spuren, in der Schule lässt man die Sau raus.«

Lehrerin: »Wenn man euch nicht kennen würde und euer Gekichere so hört, könnte man euch für geisteskrank halten.«

Lehrer: »Ich glaube, ihr habt das Keramiksyndrom: Sprung in der Schüssel.«

Schülerin kommt wie fast immer zu spät: »Morgen.«
Lehrer: »Ein guter Morgen wird's wohl nicht mehr.«

Lehrer schimpft: »Scheiße!«
Schüler: »Aber Herr Wieser, Sie meinen doch sicher ›schade‹!«
Lehrer: »Ja genau, und gestern bin ich in einen Haufen Hundeschade gestiegen.«

Lehrer: »Der Weg zur Hölle ist mit Strafarbeiten gepflastert.«

Lehrer: »Ich mach dich so platt, dass du die 3. Dimension vergisst.«

Lehrerin: »Ich habe viel Geduld, aber nicht lange.«

Lehrerin: »Ich hoffe, wir stehen die Stunde gemeinsam durch.«

Schülerin: »Ich kann morgen nicht kommen, weil ich zum CT muss.«
Lehrer: »Was wollen Sie denn da? Suchen Sie etwa Ihr Gehirn?«

Schülerin: »Wir müssen jetzt aufhören, weil mein Blatt ist voll und ich hab keinen Block dabei.«
Lehrer: »Tja, das ist beschissene Logistik, aber nicht mein Problem!«

Lehrerin: »Ihr seid schon gut, aber da ist noch ordentlich Luft nach oben.«

Lehrer zu Klasse, in der alle durcheinanderreden: »Ich mache das jetzt schon seit über dreißig Jahren. UND ICH SCHAFFE ES IMMER NOCH, LAUTER ZU SEIN ALS DER LAUTESTE SCHÜLER!«

Lehrer: »Wenn jetzt noch einer von euch schwätzt, der malt den ganzen Atlas ab.«

Lehrer: »Sie halten den Rest der Stunde den Mund! Wenn ich will, dass Luft zirkuliert, stelle ich mir einen Ventilator auf.«

Lehrer: »Vor Inbetriebnahme des Mundwerks bitte den Denkapparat einschalten!«

Lehrerin bei der Herausgabe einer Klausur: »Für Ihre Sauklaue müsste ich eigentlich mit Ihnen vor die Tür gehen und Ihnen rechts und links eine runterhauen.«

Lehrer: »Halt die Klappe oder spring aus dem Fenster. Beides würde mir nützen.«

Lehrer: »Was tun, wenn's dunkel ist? Einfach mal den Lichtschalter betätigen!«

Lehrerin versucht, sich gegen die Lautstärke in der Klasse zu behaupten: »Je lauter ihr werdet, desto leiser werde ich. Und das, was ich ganz leise sage, kommt in der nächsten Klausur dran.«

Lehrer: »Warum ich gerne Lehrer bin? Da hat man vormittags recht und nachmittags frei.«

Lehrer: »Ich sehe heute schon wieder so viele, die fehlen.«

Lehrer: »Wenn Dummheit quietschen würde, müsstest du mit einer Ölkanne rumlaufen.«

Lehrer kommt morgens ins Klassenzimmer: »Hier sind zu viele Mädchen, hier fehlt Hirn.«

Lehrer: »Lehrer sind genauso faule Menschen wie Schüler.«

Lehrer zu frechem Schüler: »Ich saug dich ein und spuck dich an die Wand!«

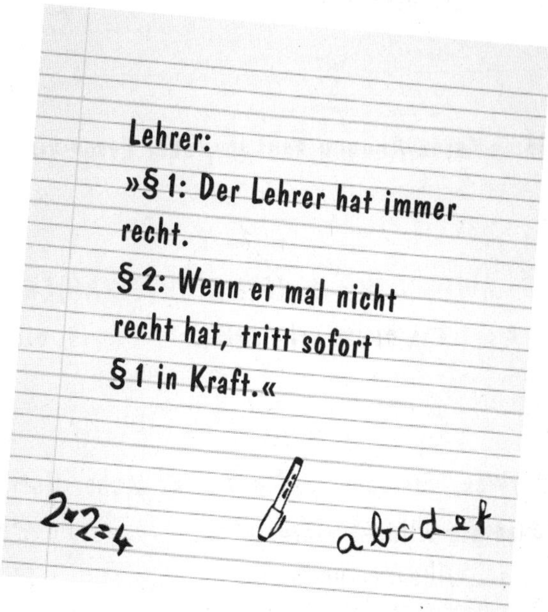

Lehrer: »Ich brauche zwei Freiwillige ... Jonas und Patrick, mitkommen!«

Lehrer: »Wäre ich nicht Lehrer geworden, würde ich meine Frau und meine Kinder schlagen.«

Lehrer zu Schüler: »Also, so wie es jetzt aussieht, kommst du nicht weiter. Du musst dich im Leben auf mehr Sachen als essen, atmen und schlafen beschränken, um weiterzukommen!«

Lehrerin: »Keine Ahnung habt ihr, aber davon viel.«

LEHRER: »WENN IHR SCHON NICHTS KAPIERT, DANN PASST WENIGSTENS AUF!«

Lehrer: »Was, nur noch fünf Minuten? Lieber Gott, mach, dass die Klingel einrostet.«

Mathelehrer bespricht die Rechnung eines Schülers: »Es gibt zwei Möglichkeiten: Entweder du irrst dich, oder ich irre mich. Ist klar, dass Ersteres zutrifft.«

Lehrer: »Der geistige Horizont ist der Abstand zwischen Brett und Hirn.«

Schüler: »Frau Merkel ist die erfolgreichste Frau in der Politik.«
Lehrer: »Kommt darauf an, wie man ›Frau‹ definiert.«

Lehrer: »Ich bin nicht so fies, wie ich aussehe.«

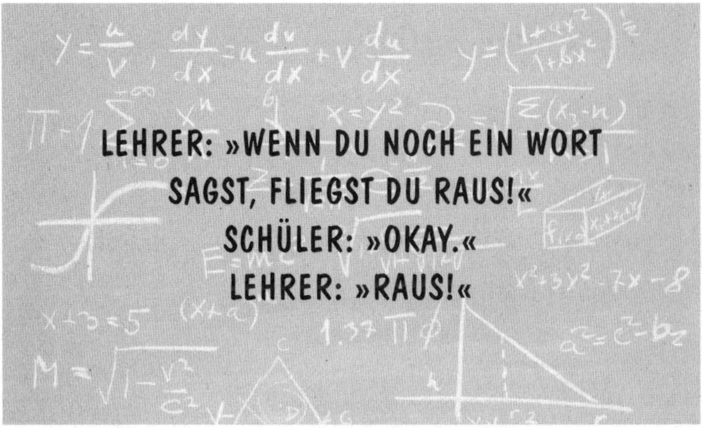

LEHRER: »WENN DU NOCH EIN WORT SAGST, FLIEGST DU RAUS!«
SCHÜLER: »OKAY.«
LEHRER: »RAUS!«

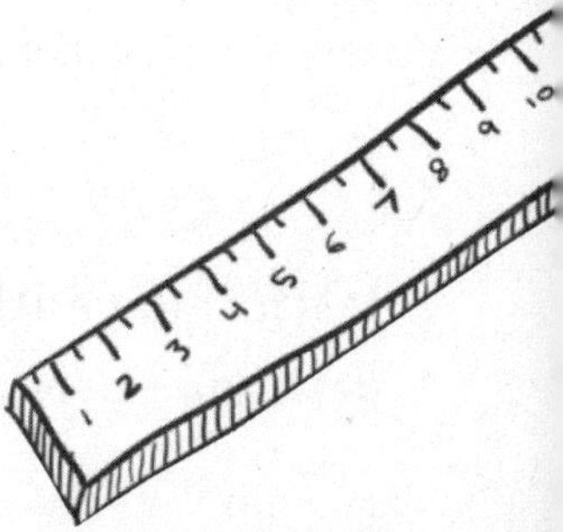

2. Stunde

Lieber Unterricht als gar keinen Schlaf

Lehrerin zu schwätzenden Schülern:
»Sie können meinen Unterricht gerne verlassen, wenn Sie nichts beitragen wollen. Sauerstoffverbraucher kann ich hier nicht brauchen.«

XYZ

Lehrer: »Wenn man euch durchmischen und zerdrücken würde, kämen super Schlaftabletten raus.«

Lehrerin: »PSSST! – Das ist immer eine Gefahr, wenn ich so laut ›pst‹ sage. Dann spucke ich nämlich manchmal.«

Lehrer stellt eine Frage und ruft eine Schülerin auf.
Schülerin: »Wie war noch mal die Frage?«
Lehrer: »Formuliere mal die Antwort, dann finden wir die Frage schon.«

Lehrer: »Manuel, könntest du den Unterricht bitte etwas leiser stören?«

Eine Schülerin zum Mathelehrer: »Herr Stubbe, wie finden Sie denn eigentlich Ankes neue Brille?«
Lehrer: »Alles, was das Gesicht verdeckt, ist gut.«

Lehrer: »Verschwindet! Weg hier! Ich hab keine Lust!«
Schüler: »Aber wir haben jetzt Unterricht.«
Lehrer: »Willst du wirklich, dass ich dich jetzt konjugieren und deklinieren lasse?«

Lehrer: »Ich sehe meine Aufgabe als Lehrer darin, zu erreichen, dass ihr später mal sagen könnt: ›Hm, das wusste ich mal.‹«

Lehrerin: »Abgehackt – das Wort hat in dem Film eine wichtige Rolle …«
Die Schüler lachen.
Lehrerin: »Das heißt jetzt aber nicht, dass das Opfer so gestorben ist!«

Englischlehrerin: »›Man‹ ist immer eine elegante deutsche Alternative. ›Mann‹ mit zwei ›n‹ nicht immer.«

Lehrer: »Ich würde lieber dreißig Kartoffelsäcke unterrichten als euch.«

Ein Lehrer hat soeben erfahren, dass 90 Prozent der Klasse die Hausaufgaben nicht gemacht haben: »Wenn ihr das nächste Mal die Hausaufgaben wieder nicht habt, dann ... dann ... weiß ich auch nicht!«

Lehrerin: »Konstruktiv heißt also nicht destruktiv.«

Lehrer: »Lehrer sind die Asozialen unter den Akademikern.«

Schüler: »Herr Engelke! Helge nervt die ganze Zeit!« Lehrer: »Dann dürft ihr jetzt rausgehen. Aber nur unter zwei Bedingungen: 1. Seid leise! 2. Nicht zu viel Blut!«

Lehrer zu Schüler: »Schläfst du schon oder schläfst du gleich ein? Ich bin mir da bei dir nie so sicher.«

Lehrerin: »Ich bin heute mit mir selbst nicht im Reinen!«

Lehrerin: »Also, wenn wir uns das zweite Bild ansehen, das der Siemens, äh, Clemens und Siemens, äh, Simon und Clemens, also der Simon zusammengefasst hat …«

LEHRER: »LUNGE UND HERZ SIND SICH SELBST BEWEGENDE MUSKEL.«

Skilager, abendliche Zimmerkontrolle. Die Lehrer hatten offensichtlich in der Skihütte das eine oder andere Après-Ski-Schnäpschen genossen. Der betreuende Lehrer reißt die Tür zu einem Jungenzimmer auf und grölt: »Und jetzt sofort die Funzel aus hier, Bettruhe!« Antwort aus dem dunklen Zimmer: »Äh … Herr Waldner, das ist der Mond.«

Lehrerin: »Die Menschen haben sich dann vor Angst … gefürchtet.«

Lehrer: »Ich? Ich bin immer gut drauf, ich suche nur noch jemanden für drunter.«

Gelächter im Geschichtsunterricht.
Lehrer: »Was ist denn so lustig?«
Schüler: »Wir haben schon wieder einen ausländerfeindlichen Witz!«
Lehrer: »Ja bitte! Den will ich auch hören!«

LEHRER: »INTERESSIERTE SCHÜLER WÜRDEN AN DIESER STELLE EIN PAAR FRAGEN STELLEN. ICH STELLE SIE LIEBER GLEICH SELBER.«

Lehrerin betritt das Klassenzimmer, ein Schüler gähnt.
Lehrerin: »Hey, die Stunde hat noch nicht angefangen!«

Lehrerin: »Ich mach heute so was Interessantes mit euch, das glaubt ihr gar nicht.«

Kunstlehrerin: »Da es bis jetzt nicht geklappt hat, euch ausreichend zu ignorieren …«

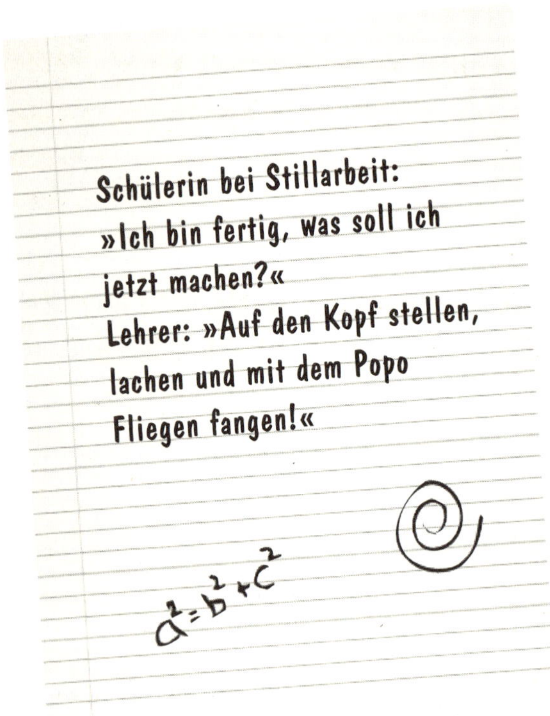

Lehrer mitten im Unterricht: »Also, bevor ich weitermache … (wendet sich an Schüler in der ersten Reihe) entschuldige, dass ich frage … aber wer bist du eigentlich?«

Lehrer: »Okay, ich erkläre es noch mal für alle, und der Rest ist leise!«

Lehrerin während der Fußball-WM: »Der, der dieses Klassenzimmer gebaut hat, sollte mit Podolski in die Hölle gehen!«

Lehrer: »So, das tut mir jetzt leid, jetzt kommt ein langweiligerer Teil, vor allem für die, die nicht da sind.«

Lehrer: »Ich nehme Meinungen entgegen – und natürlich Geld.«

Ein Kind kippelt mit dem Stuhl und kippt um.
Lehrer: »Ich wusste ja schon immer, dass mein Unterricht umwerfend ist!«

Schülerin: »Wir kennen uns teilweise.«
Lehrerin: »Welche Teile kennst du denn?«

Lehrer: »Linus? Kannst du bitte kurz ins Lehrerzimmer gehen, die Sekretärin wartet da schon, sie hat ein wichtiges Paket, das ich möglichst schnell annehmen muss.«
Schüler rennt los, drei Minuten später kommt er zurück und überreicht dem Lehrer eine dampfende Tasse Kaffee.
Lehrer: »Das nächste Mal solltest du dich ein bisschen mehr beeilen!«

Lehrer: »Klassenfahrten sind so ziemlich das Schrecklichste seit den Konzentrationslagern.«

Es klopft an der Tür.
Schüler: »Herr Hansen, es hat geklopft.«
Lehrer: »Ja, ich weiß.« Keine Reaktion.
Schüler steht auf, um die Tür zu öffnen.
Lehrer: »Nein, Dominik, nicht aufmachen! Wenn es wichtig ist und er unbedingt reinwill, dann klopft er schon noch mal!«

Lehrerin: »Fragt doch mich, ich bekomme Geld dafür!«

Schüler freut sich auf den Schüleraustausch: »Jaaa, da sind die Italiener!«
Lehrer: »Da seid ihr schon ganz spitz, gell?«

LEHRER: »ALSO, EIN LOTHAR MATTHÄUS HAT DANN MIT FÜNFZIG JAHREN DREI KINDER VON VIER VERSCHIEDENEN FRAUEN.«

Schüler: »Herr Bergmann, sind Sie Türke?«
Lehrer: »Wenn's sein muss, ja!«

Lehrer zu Schüler: »Kram doch mal in deinem profunden Schatz der Erkenntnisse.«

Lehrer: »Wenn das nicht morgen in meinem Fach liegt, dann erschieß ich dich!«

Lehrer: »Ich weiß zwar nicht, was euer Klassenlehrer darüber denkt, aber ich bin anderer Meinung als er.«

Lehrer: »Gestern war ich in der Schule, bin nach Hause, hab mir ein Bier aufgemacht, Fußball geschaut und bin ins Bett.«
Schüler: »Komisch, in Ihrer Geschichte kommt Ihre Frau gar nicht vor.«
Lehrer: »Doch, die hat das Bier eingekauft.«

Lehrerin über nicht gemachte Hausaufgaben:
»Das ›leider‹ entbehrt nicht einer gewissen Komik.«

Lehrerin über Schüler, der immer schwätzt: »Bei dem muss man die Klappe extra totschlagen, wenn er gestorben ist.«

Schüler: »Frau Rottmann, die Mädels schlagen uns ständig!«
Lehrerin: »Ach kommt, ihr steht doch drauf!«

Musiklehrer: »Alle, die keinen Ständer haben, holen sich bitte einen runter!«

Lehrerin: »Gruppenarbeit ist doch was Schönes, oder? Kaffee trinken, quatschen, vielleicht ein bisschen mit der Banknachbarin flirten ...«

Lehrer: »Punkten kann man bei mir mit Witz, Charme und – ein bisschen Erotik.«

Schüler: »He DID have enough money to buy drugs and alcohol.«
Englischlehrerin: »So you mean to say he had a wonderful life after all?«

Lehrer: »Wenn ich als Schlagersänger zu blöd bin, kann ich es ja immer noch als Lehrer versuchen.«

Schüler: »Wo haben Sie eigentlich Ihre Frau kennengelernt?«
Lehrer: »Wieso? Brauchen Sie eine?«

Lehrerin: »Das Korrigieren der Hausaufgaben ist immer ein Mensch-ärgere-dich-nicht.«

Lehrerin zu Schüler: »Tut mir echt leid, offensichtlich bist du gehirnamputiert.«

Lehrerin: »Ich hasse es, wenn Sie meine Anweisungen nicht befolgen!«

Lehrer versucht Logik zu erklären: »Herr Bender mag keine Möpse. Frau Bender hat Möpse. Herr Bender mag Frau Bender nicht.«

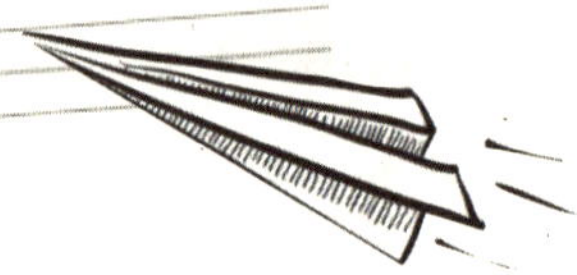

Schüler 1: »Hitler hat mehr umgebracht.«
Schüler 2: »Nein, Stalin!«
Geschichtslehrer: »Ich finde das irgendwie geschmacklos, dieses Massenmörderquartett.« Macht eine Kinderstimme nach: »Nein, er hat mehr!«

Lehrerin: »In der nächsten Stunde sind wir im James-Bond-Raum – 007.«

Lehrer bringt Laptop in den Unterricht mit: »Während ihr arbeitet, kann ich ja eine Runde zocken!«

Lehrerin, während die Schüler schwätzen: »Also, eigentlich könnte ich euch jetzt weiterreden lassen, die Tür zusperren und im Lehrerzimmer gemütlich einen Kaffee trinken.«

Lehrerin: »Schämt euch, der beste Unterrichtsbeitrag bis jetzt kam von Tim, und der ist heute nicht mal da.«

Schüler packt ein Bonbon aus.
Lehrer: »Brauchen Sie das wirklich?«
Schüler: »Ich habe einen schlechten Geschmack im Mund. Wollen Sie auch eines?«
Lehrer: »Nein, ich hatte grade ein Brot mit Knoblauchwurst.«

LEHRER ZU SCHÜLERIN: »BOAH, DU BENIMMST DICH WIE EIN DRITTKLÄSSLER MIT ADHS.«

Lehrerin zu Schüler, der ein Fernsehgerät aufbaut: »Ich möchte nicht, dass du noch einmal kleine Kinder über dieses Kabel stolpern lässt. Jährlich sterben dadurch 70 Steckdosen.«

Lehrerin schaut auf die Uhr: »Ah, in fünf Minuten gongt es, dann hören wir lieber gleich auf.«

Schülerin: »Ich brauch einen Killer!«
Lehrer: »Nimm den Strick!«

Schüler unterhalten sich, dass sie am Wochenende ordentlich abgefeiert haben.
Lehrer: »Abfeiern? Zu meiner Zeit hat man noch ›Die Kuh fliegen lassen‹ gesagt.«

Lehrer: »Wenn sich nur acht Leute für den Latein-Leistungskurs melden, ist das wenig: Einer stirbt, der andere wird vom Lehrer in der Wut erwürgt ... schon sind's nur noch sechs.«

LEHRER: »SCHMINKEN = AUFTRAGEN VON CHEMOTECHNISCHEN FLÜSSIGKEITEN AUFS WEIBLICHE GESICHT.«

Die Klasse streitet sich mit der Lehrerin über die Klassenfahrt, wobei die Schüler sich ruhig unterhalten, nur die Lehrerin brüllt herum.
Lehrerin: »Nun werdet aber mal nicht so aggressiv!«
Schülerin: »Wieso wir? SIE meckern doch die ganze Zeit.«
Lehrerin: »RAUS!«

Lehrerin: »Man sollte euch mal wieder umsetzen, es gibt zu viele Schwätzclubs.«

Englischlehrer: »›Impotent‹ heißt machtlos, ›potent‹ heißt spritzig, in allen Bedeutungen.«

Musiklehrer: »Tschaikowskis Nussquackersuite (schüttelt sich). Quatsch, Nusskackersuite muss das heißen ... nein Nussknackersuite.«

Mitten im Unterricht klingelt ein Handy. Alle Schüler fangen demonstrativ zu »husten« an.
Lehrer: »Schon gut, Leute, das ist meins.«

Kunstlehrerin: »Bis wann kannst du?«
Schüler: »Ich kann immer.«
Lehrerin: »O nein, das ist mir zu lang!«

Lehrerin: »Ich will ab sofort die absolute Ruhe hören!«

Im Klassenzimmer nebenan fangen plötzlich alle Schüler zu schreien an.
Lehrerin: »Oh, die haben wohl grade eine Zalando-Lieferung bekommen!«

Schüler: »Faust, das ist echt'n Scheiß.«
Lehrer: »Dann räum ihn weg, damit er nicht zu stinken anfängt.«

Lehrer: »Rein intuitiv würde ich sagen, dass die Hälfte der Klasse schläft. Objektiv überprüft wären's wahrscheinlich zwei Drittel.«

Lehrerin geht mitten im Unterricht aus dem Klassenzimmer: »Mir ist es hier zu laut. Ich gehe jetzt eine Runde Kaffee trinken ins Lehrerzimmer. Wenn ihr euch beruhigt habt, könnt ihr mich ja holen.«

Schülerin: »Kann ich bitte rausgehen und meine Kontaktlinsen zurechtdrehen?«
Lehrer: »Wieso? Sehe ich so schlecht aus?«

Lehrer: »Leute, ich kann hier keine Privatgespräche führen, wenn ihr nicht zuhört.«

Lehrerin: »Nennt mal ein paar Beispiele für Psychohygiene.«
Schüler 1: »Religiöse Meditation.«
Schüler 2: »Beichten.«
Lehrerin: »Oder am Abend eine Flasche Rotwein aufmachen.«

Lehrer: »Denke nie gedacht zu haben, denn das Denken der Gedanken ist gedankenloses Denken!«

Schüler gähnt, ohne sich die Hand vor den Mund zu halten.
Lehrer: »Oje, fünf gefüllt, drei kariös!«

Lehrer: »Wer oft mal was vergisst, ein riesengroßer Esel ist!«

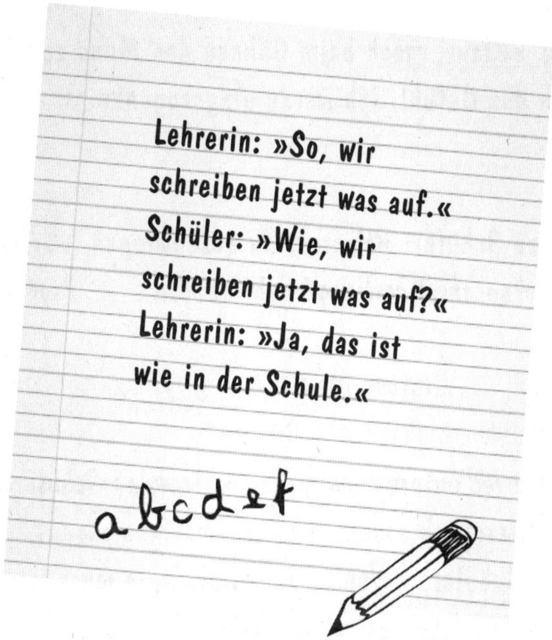

Lehrer: »Wenn du denkst zu denken, denkst du nur zu denken, aber denken tust du nicht!«

Lehrer: »Wer unter der Stunde Kaugummi kaut, der auch 'ne Zusatzaufgabe verdaut.«

Lehrer: »Heike, schau nach vorn, ich bin genauso attraktiv wie der Sebastian. Ich werd gleich eifersüchtig!«

Lehrer: »Klaus, mach beim Gähnen den Mund zu, sonst hab ich das Gefühl, ich werde eingesogen!«

Lehrer zu Schüler: »Hättest du geschwiegen, wärst du ein unerkannter Dummkopf geblieben.«

Lehrer unterbricht die schwätzenden Schüler:
»Darf ich eigentlich auch mal was sagen?«
Schüler: »Wenn's unbedingt sein muss.«
Lehrer: »Eigentlich nicht.«

Lehrer muss das Klassenzimmer kurz verlassen: »Hannes, Sie haben die Aufsicht. Und falls jemand aus dem Fenster springen will, rufen Sie mich! Das will ich nicht verpassen!«

Lehrerin: »Wenn man eine Frau im übertragenen Sinne sitzen lässt, kann sie sitzen oder stehen.«

Schüler bei der Vorbereitung auf den Anti-Drogen-Projekttag: »Am besten erst mal einen aufkiffen.«
Lehrer: »Kommt nicht in die Tüte!«

Die Schüler schauen alle aus dem Fenster, statt dem Unterricht zu folgen.
Lehrer: »Habt ihr es noch nie regnen sehen? Okay. Halbe Sekunde aus dem Fenster sehen und danach bitte wieder an die Tafel!«

Schüler über »Der Process« von Kafka: »Könnte das sein, dass der das Problem hat, bei jeder Frau nur an das Eine zu denken?«
Lehrer: »Das Problem hast du doch auch.«

Lehrer: »Ein Kleinkind ist so ein Übergang zwischen Katze und Mensch.«

Lehrerin: »Beim Autofahren solltet ihr vorsichtig sein. Da stehen immer die kleinen grünen Männchen und machen diese teuren Freundschaftsfotos.«

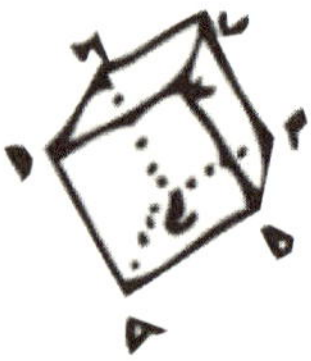

Schüler: »Herr Tanneberg, ich war letzte Stunde nicht da!«
Lehrer: »Ich auch nicht!«

Schüler einen Tag vor der Klausur: »Können wir auch erst um 9 kommen?«
Lehrerin: »Von mir aus könnt ihr auch erst um 11 kommen, das reicht für eine Fünf.«

Lehrer: »Früher haben die Schüler noch zehn Euro pro Seite im Abitur gezahlt.«
Schüler: »Ich gebe Ihnen hundert Euro pro Punkt!«
Lehrer: »Das wird aber eine billige Angelegenheit!«

Lehrer zu schwätzendem Schüler: »Gurkan, du passt jetzt auf, sonst mach ich aus deiner Brille Kontaktlinsen!«

Die Hälfte des Kurses fehlt im Unterricht.
Lehrer: »Heißt das hier Grundkurs, weil im Grunde keiner mehr kommt?«

Lehrer: »Wir sind langsamer, als ich denke.«

Lehrerin: »Ihr habt unendlich viele Möglichkeiten, die Frage falsch zu beantworten.«

Lehrerin: »Ihr seid nur bis zum 12. Lebensjahr aufnahmefähig. Das heißt, ihr werdet hier nur noch beschäftigt, damit eure Eltern in Ruhe arbeiten können.«

Lehrerin bei einer Stegreifaufgabe: »Was, ihr seid schon fertig? Dabei wollte ich doch grade meinen Einkaufszettel schreiben.«

Lehrer zu Schüler, der lange an einer Antwort laboriert: »Bitte kurzfassen. Wir sind hier nicht im Bundestag!«

Schülerin klappert in ihrer Stiftekiste.
Lehrer: »Hannah, zu Weihnachten schenke ich Ihnen Filz, damit können Sie Ihre Stiftekiste tapezieren.«

Lehrer: »Ein regnerischer Freitag ist besser als ein sonniger Montag.«

Lehrer stellt eine Frage: »Meldet sich wer?«
Pause.
Lehrer: »Niemand. Noch wer?«
Schüler: »Der Spruch ist auch schon uralt.«
Lehrer: »Neue Sprüche gibt's erst bei einer Gehaltserhöhung.«

Lehrer: »Wer weiß, was Investitur ist?«
Schüler: »Bestandsaufnahme?«
Lehrer: »Wohl eher Einweisung in ein niederes geistliches Amt.«

Lehrer: »Meine Uhr geht richtig, der Gong geht vor.«

Es ist Nikolaustag, in der Klasse herrscht Unruhe. Lehrer: »So, meine Damen und Herren, ich bitte Sie um Ruhe, sonst muss ich meine Rute rausholen.«

Lehrer: »Kommt schon, druckst nicht so herum. Wir sind hier schließlich nicht bei Günter Jauch in der Ratestunde!«

1+1=2

Lehrer zu Schüler: »Wenn du nicht sofort ruhig bist, wirst du dich ungerecht behandelt fühlen.«

Englischlehrerin sieht auf die Uhr, nachdem sie 25 Minuten einen Schüler abgefragt hat: »Rather fast today!«

Lehrer: »Ihr seid so blöd, dass es stinkt!«

Lehrer fragt Schüler ab, der kaum etwas gelernt hat: »Wenn du dir nur nicht jedes Nasenloch einzeln auspopeln lassen würdest.«

Lehrer: »Wir spielen jetzt ein ganz tolles Spiel. Ihr seid alle Fische und ganz still ...«

Lehrerin: »Tut mir einen Gefallen und springt nicht aus dem Fenster, wenn ich weg bin. Sonst muss ich wieder so viele Berichte schreiben.«

Religionslehrer: »Ihr müsst die Zehn Gebote aus dem Effeff können, damit ihr schneller durchs Fegefeuer zur Party durchkommt.«

Lehrerin: »In Kirchenliedern gibt es solche Reime, dass es einem die Zehennägel bis zu den Knien hinaufbiegt. Und dann gibt es solche Leute wie Heino, die dichten, dass es einem den Schuhlöffel auszieht.«

Lehrer: »Hören Sie auf, hier rumzuzappeln!«
Schüler: »Wieso ich? Schau'n Sie sich mal meinen Nachbarn an!«
Lehrer: »Ich will mir doch nicht den Appetit verderben!«

Lehrer zu altklugem Schüler: »Bei dem ganzen Senf, den du immer abgibst, könnte man direkt ein paar Würstchen brauchen.«

Lehrerin: »Komischerweise habe ich festgestellt: Wenn ich was nicht ganz Stubenreines sage, merken sich das die Schüler besser.«

Lehrer: »Ich weiß, Ideen, die man beim Saufen hat, sind am nächsten Tag oft richtig scheiße.«

SCHÜLER 1: »GESTERN KONNTE ICH EWIG LANGE NICHT EINSCHLAFEN.«
SCHÜLER 2: »ICH HAB AUCH TOTAL SCHLECHT GESCHLAFEN, BIN DIE GANZE NACHT IMMER WIEDER AUFGEWACHT.«
LEHRERIN, DIE DAS GESPRÄCH BELAUSCHT HAT: »MEIN GOTT, DANN WICHST DOCH MAL ANSTÄNDIG, DANN KÖNNT IHR AUCH BESSER SCHLAFEN.«

Lehrer: »Bruno, komm mal an die Tafel.«
Schüler: »Och nö, nicht heute, ich hab doch Geburtstag.«
Lehrer: »Also, wenn du heute Geburtstag hast, darfst du auch bunte Kreide benutzen.«

Lehrer: »Das ist wie mit Spinat, das müsst ihr fressen!«

Schülerin will auf Toilette gehen.
Lehrer: »Das ist ja wie in der 5. Klasse.
Alle 45 Minuten ein Spritzerl.«

Lehrerin: »Heute ist es wirklich interessant. Heute gefällt's mir sogar selber!«

Chemielehrer bei einem Experiment: »Na, den destillierten Alkohol nehme ich jetzt nicht, den brauchen die Kollegen noch zu anderen Zwecken.«

Lehrerin zu Schülerin: »Bist du wieder auferstanden von den Toten?«
Schülerin: »Nein.«
Lehrerin: »Dann bleib tot. Tote können wenigstens nicht reden.«

Schülerin: »Ich möchte was zu Nadja sagen.«
Lehrer: »Nein, das wirst du nicht. Ich bin dein Gott. Du sollst nicht reden neben mir.«

Schülerin fragt Lehrer nach Herausgabe der Schulaufgabe: »Warum ist das ein Fehler?«
Lehrer: »Wegen böswillig schlechter deutscher Grammatik.«

Lehrer: »Du darfst hier alles üben, nur keine Kritik.«

Schülerin: »Rede ich zu schnell?«
Lehrer: »Ich kenne das, ich hab auch 'ne Frau zu Hause.«

Lateinlehrerin: »Wer sagt, dass ich nicht recht habe? Ich bin eine Frau UND Lehrerin – mein Wort ist die frohe Botschaft, das Evangelium!«

Lehrer unterbricht Schüler, der versucht, etwas zu erklären: »Wenn man keine Ahnung hat, einfach mal die Fresse halten!«

LEHRER STEHT MIT DEM RÜCKEN ZUR KLASSE, WEIL ER ETWAS AN DIE TAFEL SCHREIBT. EINER SCHÜLERIN FÄLLT LAUT KRACHEND DAS FEDERMÄPPCHEN HERUNTER.
LEHRER: »DAS IST WIE BEI EINEM ALTEN EHEPAAR. WENN MAN EIN GERÄUSCH HÖRT, WEISS MAN GENAU, DASS ES DER ANDERE IST.«

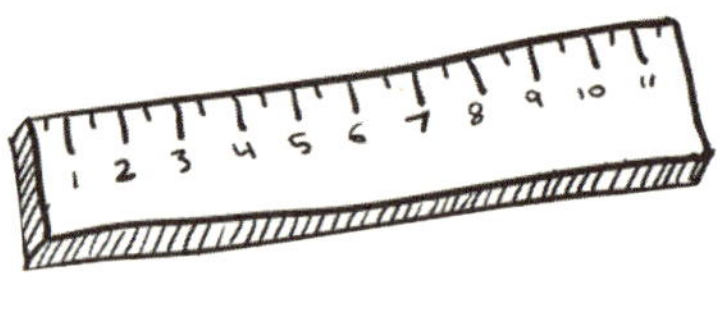

LEHRERIN: »ES STINKT HIER DRIN. EIN TRADITIONELLES PROBLEM. EINE MÖGLICHKEIT WÄRE, DAS FENSTER AUFZUMACHEN. WIR KÖNNEN ABER AUCH UNSERE ERNÄHRUNG UMSTELLEN ODER JEDER BRINGT SO EIN DUFTBÄUMCHEN MIT UND HÄNGT ES SICH UM DEN HALS.«

Schüler schneuzt sich lautstark.
Lehrer: »Maxi, geht's noch? Nicht, dass das Hirn mit herauskommt!«

Lehrer zu Schülerin: »Wenn du jetzt nicht aufhörst zu schwätzen, kannst du draußen Schnee fressen gehen!«

Lehrer: »Selig sind die Bekloppten, denn die brauchen keinen Hammer!«

Lehrer zu Schüler: »Gott erhalte dir deinen Hang zum selbstüberschätzenden Optimismus!«

Lehrer: »Wochenende ist vorbei, schaltet wieder in den Konzentrationsmodus.«
Schüler: »Der Konzentrationsmodus ist nur eine Legende, um Lehrer bei Laune zu halten.«
Lehrer: »Und dass Lehrer sein Spaß macht, ist auch nur, um Schüler bei Laune zu halten.«

Sportlehrer teilt Schüler in Mannschaften ein: »Jetzt machen wir mal eine gute und eine Mädchenmannschaft.«

Lehrer: »Wenn jetzt auch die Bauchredner freundlicherweise mal ihre Klappe halten würden ...«

Lehrer: »So, wir haben später angefangen, also machen wir auch früher Schluss, ganz logisch.«

Lehrer zu Schülerin, die im Physiksaal ihre Beine auf den Sessel des Vordermannes stellt: »Barbara, nimm deine Füße runter, wir sind ja hier nicht beim Frauenarzt.«

Lehrerin, während die Schüler schwätzen: »Es ist mir heute klargeworden, dass ich ein sehr unhöflicher Mensch bin. Ich fange immer an zu reden, wenn andere grade im Gespräch sind.«

Lehrer: »Damals, als ich noch jung war, kam im Fernsehen …«
Schüler unterbricht ihn: »Als Sie jung waren, gab es doch noch gar keinen Fernseher.«
Lehrer: »Ja, als ich jung war, bestand die Erde noch aus einem Kontinent. Ich habe in einer Höhle gelebt und Dinosaurier gejagt. Außerdem tun mir jetzt noch die Ohren weh vom Urknall.«

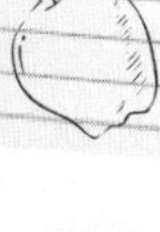

Schülerin: »Sollen wir die Aufgabe jetzt machen oder als Hausaufgabe?«
Lehrerin: »Nein, Weihnachten unterm Tannenbaum!«

Lehrerin ermahnt schwätzende Schüler: »Jetzt doch mal ruhig, hier schlafen noch ein paar!«

Lehrer: »Wenn alles schläft und einer spricht, dann nennt man das Unterricht.«

Lehrerin: »Also, ich hab mein Abitur schon ...«

Lehrer: »Was ist der Unterschied zwischen gratis und umsonst? Ich komm gratis in die Schule, ihr umsonst.«

LEHRER: »HEY, WIESO PACKT IHR ALLE SCHON EIN? WIR HABEN NOCH FÜNF SEKUNDEN!«

BACK TO SCHOOL
XYZ
ABC
1+1=2

Kleine Pause

abcdef

Zwei Lehrer unterhalten sich,
einer hat eine Tasse in der Hand.
Lehrer I: »Das ist der Restkaffee
vom Morgen.«
Lehrer II: »Ich dachte, das heißt
Röstkaffee der Zukunft.«

$a^2 = b^2 + c^2$

Schüler unterhalten sich, ob Drogen oder Alkohol besser sind, als eine Lehrerin vorbeikommt.
Schüler: »Frau Hensel, was meinen Sie, sind Drogen oder Alkohol besser?«
Lehrerin: »Also, von Drogen bekommt man wenigstens kein Kopfweh.«
Schüler: »Woher wissen Sie denn das?«
Lehrerin: »Ach, das hab ich mal wo gelesen ...«

*Auf dem Gang knutscht ein Pärchen.
Schüler mit schwarzem Mantel kommt vorbei:
»Knutschen auf dem Gang? Das gibt zehn Punkte Abzug für Gryffindor!« Als er weitergeht, sucht er in der Tasche nach einer Zigarette.
Lehrer: »Zauberstab im Korridor ist verboten, zehn Punkte Abzug für Slytherin!«*

Schülerinnen fragen Lehrer, der Pausenaufsicht hat, wer zuerst die Treppe hochrennen darf.
Lehrer: »Kommt auf die Länge des Rocks an.«

Lehrer: »Ihr hattet Pause und genug Zeit, aufs Klo zu gehen.«
Schüler: »Aber in der Mensa ist kein Klo!«
Lehrer: »Es sind mehrere Bäume zwischen Mensa und hier!«

Lehrerin unterhält sich mit Kollegen auf dem Pausenhof: »Ich geh jetzt rein, hier ist es mir zu heiß.«
Kollege: »Das sind die Wechseljahre.«

In der Pause unterhalten sich zwei Lehrer.
Religionslehrer: »Ihr Lateinkurs ist aber wirklich klein.«
Lateinlehrer: »Was glauben Sie, wie groß Ihr Religionskurs wäre, wenn es kein Pflichtfach wäre?«

Schüler: »Herr Gabriel, darf ich den Peter schlagen?«
Lehrer, in Gedanken: »Ja ... nein, natürlich nicht ... obwohl ... Na gut, aber nicht so fest!«

Lehrer: »Klappe halten und weiterreden!«

Lehrer zu einem Kollegen: »Du, ich hab einen schrecklichen Chemiekurs. Die sind pünktlich und wollen dann auch noch Unterricht machen.«

Lehrer kommt nach der Pause ins Klassenzimmer: »Hey, Jungs, das kann doch nicht sein, dass euch die Jungs aus der Parallelklasse die Mädchen wegangeln. Macht da mal was!«

LEHRER SCHIMPFT SCHÜLER 1, DER AUF SCHÜLER 2 EINSCHLÄGT: »SPINNST DU?«
SCHÜLER 1: »ABER DER IST BAYERN-FAN!«
LEHRER: »JA DANN ...«

Lehrerin schließt nach der Pause das Klassenzimmer auf: »Husch, ins Körbchen!«

Lehrer betritt nach der Pause das Klassenzimmer, in dem es drunter und drüber geht: »Was ist denn das hier für 'ne Halli-Galli-Drecksau-Party?«

Lehrerin: »Isst jemand eine Papaya oder warum riecht es hier so nach Babykotze?«

Lehrer auf dem Pausenhof, nachdem es stark geschneit hat: »Ballistische Experimente mit kristallinem H_2O auf dem Areal der Pädagogischen Institutionen unterliegen striktester Prohibition!«

Lehrer rutscht in der Aula aus und fällt hin: »Ich bin gestürzt ... Jetzt werde ich pensioniert!«

Hausmeister zu Lehrer: »Ich hab da noch so ein Ding gefunden, so ein längliches.«
Lehrer: »O ja, so eins hab ich auch. Damit werden wir heute Nachmittag herumspielen.«

Lehrer telefoniert vor dem Klassenzimmer: »Ich komm gleich. Ich muss nur noch die restlichen Zyankalikapseln verfüttern.«

Lehrer kommt zu den Schulsanitätern:
»Habt ihr vielleicht ein paar Tropfen für mich?
Ich kippe gleich um.«
Schülerin: »Nein, nicht für Lehrer.«
Lehrer: »Also wirklich, ich bin auch nur ein Mensch!
Ich hab's satt, die ganze Zeit diskriminiert zu werden.«

DIE PAUSE IST VORBEI, DIE SCHÜLER WARTEN VOR DEM ABGESCHLOSSENEN KLASSENZIMMER. LEHRERIN: »OH, HIER IST ABGESCHLOSSEN. GEHT SCHON MAL REIN, ICH HOL SCHNELL DEN SCHLÜSSEL.«

Lehrerin beobachtet in der Pause, wie mehrere Schüler noch schnell Hausaufgaben abschreiben: »Besser abgeschriebene Hausaufgaben als gar keine, gell?«

XYZ
ABC
1+1=2
XYZ
ABC

3. Stunde

Mathe ist ein Arschloch

Mathelehrerin über zwei Geraden im Raum: »Berühren und schneiden sind zwei verschiedene Dinge. Wenn ihr ein Messer berührt, passiert nichts. Wenn ihr euch schneidet, tut's weh!«

Lateinlehrerin: »Ein gesunder Geist in einem gesunden Körper – Mens sana in … Campari Soda?«

Deutschlehrerin: »Linear ist eine Linie.«

Mathelehrer zu Schülerin: »Hör auf zu jubeln, wir haben noch nicht Weihnachten!«

Physiklehrer zum Thema Elektrizität: »Morgens mit Spannung aufstehen, mit Widerstand zur Schule gehen, in allen Stunden gegen den Strom schwimmen, geladen nach Hause kommen und dann vom Vater eine gewischt kriegen …«

Mathelehrer ist unzufrieden mit einem an der Tafel rechnenden Schüler: »Du Böser! Das ist Missbrauch einer Formel!«

$a^2 = b^2 + c^2$

Mathelehrer teilt Aufgaben aus: »Es gibt die schwere Möglichkeit für die Doofen, die alles kompliziert machen, und dann noch die einfache Variante für die, die die Checkung haben.«

Ein Schüler soll im Deutschunterricht die These einer Romanfigur herausarbeiten: »Sagen Sie mal, Herr Berger, wenn Sie ein Buch lesen, so privat, machen Sie das dann auch immer mit der These und so?«
Lehrer: »Na klar, laufend! Ich lieg dann immer mit Block und Stift bewaffnet im Bett.«

Chemielehrer: »Eigentlich ist Salzsäure ungefährlich. Man sollte bloß nicht darin baden, sonst braucht man sich hinterher nicht abzutrocknen und passt auch durch den Abfluss.«

Biologielehrer: »Wie viele Chromosomen hat der Mensch in jeder Zelle?«
Schüler: »48?«
Lehrer: »Dann wärst du ein Schimpanse.«

Mathelehrer: »Der Zylinder ist ja praktisch wie eine Salami …«

Mathe- und Physiklehrer: »Hey, in meinen Fächern wird nicht geschwätzt, das könnt ihr in Fächern wie Religion machen.«

Englischlehrer: »What was 1776 in America?«
Schüler: »The French Revolution.«
Englischlehrer: »Yes! – No!«

Mathelehrer: »Die Prozenttaste auf dem Taschenrechner ist völlig sinnlos, das ist die absolute Deppentaste! Okay, aber ihr habt eh einen amerikanischen Taschenrechner.«

Mathelehrer: »Nicht vergessen, der dekadische Logarithmus von zehn Knödeln ist eins!«

Physiklehrer teilt die Klausur aus: »Freunde, ihr werdet bluten!«

Schülerin: »Was heißt ›Kieferorthopäde‹ auf Französisch?«
Französischlehrerin: »Le monteur de la fresse …«

MATHELEHRER: »EURE RECHENKÜNSTE UND MEINE FÜSSE – DAS STINKT ZUM HIMMEL.«

Physiklehrer: »Das Licht ist schneller als Speedy Gonzales.«

Lateinlehrer vor Beginn der Klausur: »Übrigens: Wer spickt, wird erschossen.«

Mathelehrerin: »Im Buch sind Aufgaben, aber wir machen zuerst eine kleine Pause, weil Sie von den Integralen sicher schon erschöpft sind.«

Biologielehrerin über Pantoffeltierchen: »Gott wollte etwas Klügeres schaffen als den Mann. Also schuf er den Einzeller.«

SCHÜLER: »ICH HAB MEINEN ZIRKEL VERGESSEN.«
MATHELEHRER: »DANN SCHNITZ DIR EINEN!«

Physiklehrer: »Und wenn Sie eine Bierflasche ins Eisfach legen, platzt die. Blöd. Voll der Scheiß.«

Chemielehrer: »Bei der Photolyse, da werden die beiden H+ an die NSDAP ... äh ... an die NADPH/H+ gebunden.«

LATEINLEHRERIN: »ICH KAM, SAH UND SIEGTE – VENI ... MEDICINI?«

Mathelehrerin: »Tangente? Das ist nicht falsch, aber genau das Verkehrte!«

Mathelehrer: »... dafür nutzen wir die additative Inverse ...«
Die Schüler schauen den Lehrer verdutzt an.
Lehrer: »Wir nehmen einfach ein Minus.«

Englischlehrer zu Schüler: »Well, you are not that guy for protection. Maybe you have other qualities.«

Mathelehrer: »Wie oft soll ich euch noch sagen, dass es keine kleinere beziehungsweise größere Hälfte gibt, aber das begreift die größere Hälfte von euch doch nicht.«

Biologielehrerin: »Wie viele Nukleotide gibt es, und wie heißen diese vier?«

Mathelehrer: »Haben Sie das verstanden?«
Schüler: »Nein, nicht ganz.«
Lehrer: »Gut, dann machen wir weiter.«

Mathelehrer: »So, jetzt rechnet mal den Ansatz von Aufgabe 5.«
Schülerin: »Warum nur den Ansatz?«
Lehrer: »Mehr schafft ihr eh nicht!«

Englischlehrer: »Would you hold your clap now?«

Mathelehrer: »Mathematik ist die nackte Schönheit der Funktion.«

Sportlehrerin: »Es gehört auch zur Fitness, seine Schließmuskel richtig im Griff zu haben.«

Mathelehrer: »Jetzt schreibt jeder seinen Zettel auf seinen Namen.«

Mathelehrer: »Vielleicht ist es nur eine Illusion des Lehrers, aber vielleicht beschäftigt sich ja zu Weihnachten einer mit Mathe.«

Lehrer versucht die Schüler zum Aufpassen zu überreden: »Mein Lehrer hat mal gesagt: When you not pass around, I bring you around the corner!«

Mathelehrerin zu Schülerin: »Wenn Sie diese Aufgabe gelöst haben, werden Sie wissen, was ein intellektueller Lustgewinn ist.«

Schüler 1 meldet sich während der Englischarbeit: »Was heißt ›Ausflippen‹?«
Lehrerin: »Jedenfalls nicht ›Flip out‹, das gibt es im Englischen nicht.«
Schüler 2: »Doch, ›Freak out‹.«
Lehrerin: »Arschloch.«

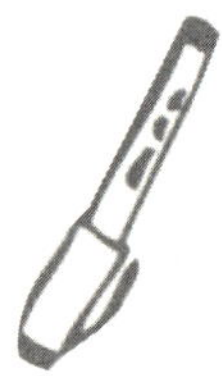

Lehrerin: »Das ist wie ein zweischneidiges Pferd.«

Schülerin: »Ach, leck mich doch am Arsch!«
Lehrerin: »Say it in English please!«

MATHELEHRERIN: »1 IST NICHT DURCH 5 TEILBAR. ICH KANN NATÜRLICH 1 DURCH 5 TEILEN, DANN KOMMT 0,2 RAUS. ES IST DASSELBE WIE MIT ESSBAREN PILZEN: ICH KANN AUCH EINEN FLIEGENPILZ ESSEN ...«

Lehrerin: »›I‹ wie Thunfisch.«

Lehrer: »Also, ich weiß auch nicht, wie man die Zahl unter der Wurzel nennt. Nennen wir sie doch einfach mal Freddy.«

MATHELEHRER: »RICHTIG, EINS DURCH ZWEI, IN FACHKREISEN AUCH EINHALB GENANNT.«

Lehrer: »Das ist übrigens noch tabuer!«

Physiklehrer: »Die thermische Energie hält sich in Grenzen, ein Fadenpendel ist wohl nicht zum Heizen geeignet.«

Schüler zu Mathelehrer: »Herr Brahms, wenn die Funktion so und so wäre, könnte man dann das und das machen?«
Mathelehrer: »Hätte meine Tante einen Schniedel, wäre es mein Onkel.«

Lehrerin: »Bitte schreibt in euren Arbeiten nie wieder ›nie‹ oder ›immer‹. Solche Aussagen sind immer falsch.«

Schüler: »Mr. Klein, can I visit the toilet?«
Lehrer: »Yes, and many regards from all of us!«

Schüler in der Geometriestunde: »Ich hab aber keinen Zirkel!«
Mathelehrer: »Dann überfall einen Fünftklässler, die haben so was.«

Sportlehrerin: »In der nächsten Stunde machen wir dann ein bisschen Erotik ... äh, ich meine Aerobic.«

Chemielehrer: »Ein Gasmolekül ist in zwei Sekunden bei McDonald's und zurück.«

Schülerin zu Mathelehrer: »Mathe fällt morgen aus, wir gehen nämlich ins Theater.«
Mathelehrer: »Vergiss es!«

Schüler während der Klassenarbeit: »Wie viel Rand sollen wir rechts lassen?«
Lehrer: »Vier Zentimeter.«
Schüler: »Wie viel ist das, ich hab kein Lineal dabei.«
Lehrer: »Hol ihn raus, leg ihn auf den Tisch, dann weißt du, wie viel Zentimeter es sind.«

Erdkundelehrer: »Mein Konzept ist, dass ich kein Konzept habe, deswegen kann man mich auch nicht aus dem Konzept bringen.«

Physiklehrer: »… und die Kräfte sind keine Hirngespinste. Man kann da einen Fuß hinhalten und spüren: Da ist eine Kraft.« Hebt einen Fuß hoch. »Nun ja, DIESE Kraft ist schon ein Hirngespinst.«

Englischlehrer: »Steht im if-Satz ›would‹ or ›should‹, dann erschießt dich Robin Hood.«

Mathelehrer: »Und jetzt die Aufgaben. Die erste ist einfach, deshalb mach ich sie selber.«

1+1=2

Schüler: »Herr Anders, Mathe ist mein Lieblingsfach!«
Lehrer: »Aber nicht mehr lange …«

Chemielehrer: »Was sollte man bei Unfällen bei Experimenten als Erstes machen? Richtig, den Lehrer retten!«

Lehrerin: »E-Mail auf Lateinisch: Nuntius electronicus.«

Musiklehrerin: »Mit der Wucht seines pianistischen Könnens schrottet er das Klavier.«

Schülerin soll im Chemieunterricht ein Experiment durchführen: »Mensch, das ist giftig!«
Lehrer: »Deshalb lasse ich es dich machen.«

Geschichtslehrerin: »Es gab drei Golfkriege, und der dritte war der letzte.«

Physiklehrer: »›Angst‹ ist ein tolles Wort. Bringt Motivation!«

Lehrer nimmt Schüler das Geodreieck weg, weil er damit herumspielt anstatt aufzupassen: »Wenn Sie noch einmal mit Ihrem Geodreieck spielen, dann bring ich Sie damit um, auch wenn es etwas dauert. Ich habe ja Geduld.«

Englischlehrerin: »Okay, let's go out, take drugs and then we'll write stories like Edgar Allan Poe.«

DEUTSCHLEHRERIN: »DAS IST EINE TAUTOLOGIE. EIN HÖLZERNES HOLZ IST HOLZIG.«

Lehrer: »Es stimmt also, dass fünf von vier Deutschen nicht rechnen können.«

Schülerin zu Lehrer, der gerade eine Klausur zurückgibt: »Und, wie ist der Schnitt?«
Lehrer: »Unterschiedlich.«

MATHELEHRER ZUR MENGENLEHRE: »JEDER DACKEL IST EIN HUND, ABER NICHT JEDER HUND IST EIN DACKEL.«

Chemielehrer: »pH + pOH = pKw. So schnell kommt man zu 'nem Auto!«

Mathelehrer: »Wenn du das nächste Mal das Gefühl hast, du musst was für Mathe machen, dann setz dich in die Ecke und warte, bis der Anfall vorbei ist.«

Deutschlehrer: »Nur die deutsche Sprache kann Wörter bilden, die über die ganze Tafel gehen, zum Beispiel Atomteststopvertragssonderklausel.«

CHEMIELEHRER: »DAS KANN MAN SICH GUT MERKEN: SAUERSTOFF IST EINE SCHLAMPE, DIE SICH MIT ALLEM BINDET UND NIE ALLEIN SEIN KANN.«

Mathelehrer: »Also, diese Zahl ist sehr unschön. Lass uns die Zahl flachlegen!«

Sportlehrer entdeckt einen Schüler mit Kaugummi im Mund: »Du darfst beim Sport keinen Kaugummi kauen. Nachher verschluckst du dich und erstickst, und ich hab dann das Problem mit der Leiche.«

Lehrerin bereitet einen Versuch zum Thema elektrostatische Aufladung vor: »Hier habe ich einen Plastikstab und ein Kaninchenfell.«
Schüler traurig: »Kaninchen? Oh …«
Lehrerin: »Nein, nein, natürlich ist das kein Kaninchenfell. Das ist Katzenfell!«

Mathelehrer erklärt die Bernoulli-Versuche: »Es gibt immer Erfolg – Misserfolg oder zum Beispiel Treffer – Niete, Gewinn – Verlust, Junge – Mädchen …«

Lehrer: »Wer diesen Fehler noch mal macht, bekommt den Kopf abgehackt und einen Brief an die Eltern.«

Mathelehrer: »Eine Tangente ist in der Gerade eine Ebene.«

Lehrer: »Am Äquator steht die Sonne im Sommer am senkrechtesten.«

Mathelehrer: »Where there is a will there is a way!«

Geschichstlehrer: »Zusammenfassend kann man sagen, dass Karl der Große ohne seinen Vater nicht denkbar gewesen wäre.«

Französischlehrerin: »Ne quatsche pas!«

Lehrerin: »Uhrzeiten haben doch nichts mit Mathematik zu tun, du Knalltüte!«

Lehrer: »Die Würde des Menschen ist unauffindbar.«

Lehrer gibt Klassenarbeiten zurück: »Also Mainz und Wiesbaden zu verwechseln ist schon vorgekommen, aber als Hauptstadt von Thüringen ›Bratwurst‹ zu schreiben, ist mir neu.«

Lateinlehrer: »Wenn an der Uni jemand fragt, woher ihr das Latinum habt, erwähnt unter keinen Umständen meinen Namen!«

Deutschlehrerin versucht, mit ihren Schülern den Roman Effi Briest zu interpretieren: »Wie fühlt sich Effi?«
Schülerin 1: »Sie ist einsam.«
Lehrerin: »Jaaaaa, schooooon.«
Schülerin 2: »Sie fühlt sich verlassen.«
Lehrerin: »Ja, aber was noch?«
Schülerin 3: »Sie hat Heimweh!«
Lehrerin sagt gar nichts und ruft verzweifelt einen Schüler auf.
Schüler 1: »Sie ist allein und wünscht sich einen Gesprächspartner?«
Lehrerin, erschöpft von der Fragerei: »Ja, fühlt ihr das denn nicht? Effi hat Sehnsucht!«

Mathelehrer: »Nach dem Mittagessen habt ihr ein Date mit eurem Mathebuch.«

MATHELEHRER: »ALLES KLAR, JASMIN?«
JASMIN: »JA, JA.«
LEHRER: »IHRE STIRNFALTEN SIND ALSO NICHT DIREKT PROPORTIONAL ZU IHREM VERSTÄNDNIS.«

Schülerin: »Warum kein negatives x?«
Lehrer: »Weil ICH das so definiere! Wir hatten doch schon geklärt, welche Stellung ich im Universum einnehme, oder?«

Deutschlehrer: »Scheiße sagt man nicht, davon geht die Bildung in Arsch!«

Lehrerin: »Das ist wie Ritter Sport, nur quadratisch.«

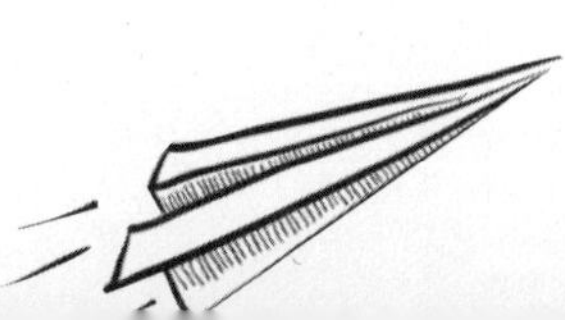

Deutschlehrerin: »Der Agamamamoun, Agamemm, Agammen, Agamenenm ... äh, also, der Vater der Iphigenie ...«

Französischlehrer erklärt den Unterschied zwischen »belle« und »bonne«: »Wenn du eine schöne Frau hast, heißt das noch lange nicht, dass sie gut ist.«

Schülerin: »Ich schädige DICH, also Genitiv.«
Lehrer: »Du deutsch?«

Schüler: »Sie haben da einen Rechenfehler!«
Mathelehrer: »Kann sein, ich kann kein Bruchrechnen.«

Englischlehrer: »God damn the Queen – oder wie das heißt.«

Mathelehrerin: »Man zeichne sich so ein Drecksei ... äh, Dreieck.«

Schülerin: »Wozu brauchen wir den Zirkel?«
Lehrer: »Zum In-der-Nase-Bohren!«

Lehrerin erläutert den Unterschied zwischen Physik und Chemie: »Physik ist, wenn ich mein Federmäppchen schiebe. Chemie ist, wenn ich mein Federmäppchen anzünde.«

Englischlehrer: »Oft kann man nicht wörtlich übersetzen, z. B. ›I'm heavy on wire‹ – ›Ich bin schwer auf Draht‹.«

Biologielehrer: »Wir wissen doch alle, wovon die Kuh abstammt. Richtig, vom Tetrapack.«

Physiklehrer zu Beginn der Stunde: »Ich hab hier einen Versuch vorbereitet. Aber wirklich nichts besonders Erregendes.«

Chemielehrer rechnet an der Tafel herum.
Schüler: »Herr Löchle, aus Summen darf man nicht kürzen!«
Lehrer: »Wieso kürzen? Ich streiche ja nur was raus.«

Lehrer: »Das ist schön, das können wir zusammenzählen und durch 5 addieren.«

Lateinlehrer: »Es ist egal, ob ihr schreibt ›Trajan ist gestorben‹ oder ›Trajan starb‹ – Hauptsache, er ist tot.«

Mathelehrer: »Ich hab da so eine schöne Aufgabe für die Klausur. Die hab ich gleich den Kollegen gegeben.«
Schüler: »Und was haben die zu der gesagt?«
Lehrer: »Die rechnen immer noch!«

Mathelehrer sammelt die Klausuren ein und wirft einen ersten Blick darauf: »Oh, ich glaub, ich muss mir einen anderen Notenschlüssel überlegen, damit es überhaupt ein paar gute Noten gibt.«

Mathelehrer zum Thema Kurvendiskussion: »Je mehr Potenz, desto enger die Schenkel.«

Mathelehrer: »Ein Apfel und noch ein Apfel sind zwei Äpfel. Und ein Apfel hoch zwei ist ein Apfel plattgetreten zum Quadrat.«

Lehrerin untersucht einen lateinischen Text: »Ich dachte ›versu numeris‹ heißt ›eine Nummer schieben‹, aber das Wörterbuch hat dies nicht bestätigt.«

Lehrerin: »Wenn man eine Schüssel mit Milch umdreht, ist das sehr negativ für den Inhalt.«

Mathelehrer: »Ich weiß, bei dieser Aufgabe bekommen einige von euch Pickel im Gehirn.«

LEHRER ZU SCHÜLER, DER EIFRIG AN DER TAFEL HERUMRECHNET: »THORSTEN, JETZT LASS DAS, SONST FINDEST DU NOCH EINEN GEGENBEWEIS FÜR DEN VIER-FARBEN-SATZ. DANN KOMMST DU NOCH IN DIE MATHEBÜCHER, UND DAS WOLLEN WIR JA NICHT.«

Mathelehrer: »X geht gegen unendlich, und das Wetter geht gegen Sturm.«

Musiklehrer: »Häng dir ein Klavier an die Backe, dann weißt du, wie schwer Musik ist.«

BIOLOGIELEHRER: »DURCH DIE EVOLUTION HABEN DIE AFFEN UND DER MENSCH GEMEINSAME VORFAHREN. DAMIT SIND DIE AFFEN ALSO SO WAS WIE UNSERE BRÜDER.«

Mathelehrer: »Welche Form hat diese Kugel?«

Chemielehrer: »... und nächstes Jahr basteln wir dann eine kleine Wasserstoffbombe und testen sie am Sportplatz.«
Schüler: »Wie viele?«
Lehrer: »Logischerweise nur eine.«

SPORTLEHRERIN BEIM WEITSPRUNG ZU EINER SCHÜLERIN: »HM, ICH GLAUBE, DU VERWECHSELST DAS MIT BALLETT.«

Englischlehrerin: »Many of you are bussed to school. Viele von euch werden in die Schule gebusst.«

Lehrerin: »Kunst kommt von ›können‹ und nicht von ›wollen‹, sonst würde es ›Wunst‹ heißen.«

Deutschlehrerin: »Wer lesen kann, ist klar im Vorteil!«

Chemielehrer: »Ich nehme ein Vakuum und tue einen Gaskolben drum.«

Lateinlehrer: »Wenn du weiter so einen Mist übersetzt, werf ich dich aus dem Fenster!«
Schüler: »Das wäre Körperverletzung!«
Lehrer: »Nein, Umweltverschmutzung.«

Mathelehrerin: »Das ist eine alte Lehrerweisheit: Vier von drei Schülern können nicht rechnen.«

Englischlehrerin: »Oh, Andreas has a big one! Come and present it at the board, please!«

Biologielehrer nimmt gerade das Thema Zellteilung durch: »Stellt euch vor, es gäbe einen Menschen auf der Welt, und dieser würde sich vermehren ... Ach so, Moment, das geht ja gar nicht!«

Lateinlehrer gibt Schulaufgabe heraus und erklärt einem Schüler die Punkte: »Da hab ich einen halben Fehler angerechnet wegen Sprachvergewaltigung.«

Geschichtslehrer: »Seit die Japaner von den Amis ein paar Atombomben draufgekriegt haben, sind sie total friedlich.«

Deutschlehrer: »Die deutsche Rechtschreibreform ist ein Invaliditätsgesetz.«

Schüler im Kunstunterricht: »Frau Nolte, mein Bild ist fertig!«
Lehrerin: »Ja, dann leg es bitte hinten auf die freien Tische zum Trocknen. Oder lieber gleich in den Mülleimer.«

Mathelehrerin: »Hyperbeln, die sich immer näher kommen, sich aber nie berühren – wie romantisch!«

Englischlehrerin: »I don't want to hear any German word in my lesson, verstanden?«

Ein Mathelehrer platzt mitten in den Englischunterricht. Die Englischlehrerin: »We were just talking about you.«
Mathelehrer: »Ich nix ausländisch!«

Schülerin meldet sich, um auf eine Frage des Lehrers zu antworten.
Lehrer: »Sie hatten doch letztes Jahr mich in Mathe, oder?«
Schülerin nickt.
Lehrer: »Komisch, dann können Sie das eigentlich noch gar nicht wissen.«

Schüler hat für eine Prüfung nicht gelernt und schreibt auf das leere Blatt: »Gott weiß alles, und ich weiß nichts.«
Der Lehrer schreibt darunter: »Dann bekommt Gott eine Eins und du eine Sechs.«

Mathelehrer zu lächelndem Schüler: »Ich sehe, du beschäftigst dich nicht mit der Aufgabe. Denn da würde dir das Lachen sofort vergehen!«

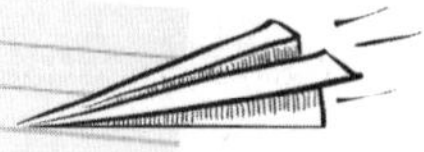

Französischlehrerin: »Es heißt ›le problème‹. Das kann man sich ganz einfach merken. Probleme sind immer männlich.«

Biologielehrer: »Die dauerhafte mechanische Beanspruchung einer Synapse macht sich besonders in den Äußerungen der Boxer und Fußballer bemerkbar.«

Sportlehrer zu Schüler: »Du sollst Liegestütze machen und nicht den Boden befruchten!«

Mathelehrer: »Traue nie einem Mathelehrer, wenn er rechnet. Die verrechnen sich sowieso.«

DEUTSCHLEHRER: »DATIV WIRD IMMER MIT ›VOM‹ GEBILDET, ALSO: ICH WERDE VOM LEHRER GESCHLAGEN.«

Mathelehrer: »Wenn ich eure Ergebnisse sehe, kann ich schon die Stempel mit den Nullen für die Abiprüfung bereitlegen.«

Lehrer: »I break together.«

Chemielehrer: »Das C wird an den Rand wandern und 'nen schönen Gangbang feiern ... 3 Fe auf ein C.«

ENGLISCHLEHRERIN:
»A PREPOSITION IS A WORD YOU NEVER END A SENTENCE WITH.«

Mathelehrer: »Die haben es faustdick hinter den Ohren, da wird multipliziert und potenziert, das ist schon nicht mehr normal.«

Chemielehrer bei einem Experiment: »Wie Sie sehen, sehen Sie nichts. Und warum Sie nichts sehen, sehen Sie gleich.«

LEHRER: »RELIGION IST NICHTS ANDERES ALS TODESANGST.«

Biologielehrer: »Warum haben Knochen Löcher?«
Schüler: »Holzwürmer?«
Lehrer: »Ja, bei dir bestimmt!«

abcdef

Schülerin möchte etwas an der Tafel abschreiben, kann es aber nicht lesen, weil die Tafel zu weit unten ist: »Mr. Rieger, can you drive the blackboard, please?«
Englischlehrer: »No, I don't have a driver's license for blackboards.«

Schüler vor der Mathearbeit: »Herr Wieser, ist die Arbeit schwer?«
Lehrer: »Nein, ich kann sie mit einer Hand halten.«

Physiklehrer: »Wenn man eine Einheit erhält, die jenseits von Gut und Böse liegt, ist irgendwas falsch.«

Wirtschaftslehrer: »Geld vermehrt sich nun mal nicht unter der Matratze. Du vermehrst dich vielleicht auf der Matratze, aber Geld nicht.«

Sportlehrer: »Warm machen bedeutet nicht, dass wir unsere Mannschaft verschwuchteln.«

Chemielehrer: »Was sehen Sie unten im Reagenzglas?«
Schüler: »Was Ekliges.«
Lehrer: »Fachwort für ›Was Ekliges‹: Niederschlag.«

Physiklehrer: »Ist ein Flaschenöffner ein ein- oder zweiseitiger Hebel?«
Keine Antwort.
Lehrer: »Ja, saufen könnt ihr, aber von Physik habt ihr keine Ahnung!«

Lehrer: »When a man is sharp on a woman ...«

Mathelehrer: »Wir schreiben jetzt eine Stegreifaufgabe. Danach werden Sie das Klassenzimmer auf dem Zahnfleisch kriechend verlassen, aber das tut MIR dann nicht mehr weh!«

Englischlehrerin: »The simple past is the very simplest past.«

Sportlehrer beim Fußball: »Der Ball hat mehr Sauerstoff als ihr, also lasst ihn laufen.«

Mathelehrer: »Ein Kreis ist rund, besonders an den Ecken.«

Mathelehrer zum Thema Kurvendiskussion: »Merkt euch, wo keine Potenz ist, kann man auch nichts runterholen.«

Lehrerin: »In meiner 9. Klasse hat ein Schüler ein Referat über eine amerikanische Stadt gemacht, Moskau oder so …«

Lehrerin: »Sport ist Mord und Breitensport ist Massenmord!«

Biolehrer zur 11. Klasse: »Mit den Begriffen ›hetero‹ und ›homo‹ könnt ihr was anfangen, die hört man schon in der 5. Klasse. Als Schimpfwort.«

Deutschlehrerin: »Mit euch über Literatur zu diskutieren ist wie in der Blindenanstalt die Farbenlehre zu besprechen.«

Mathelehrer: »Blöd bleibt blöd, da helfen keine Pillen.«

XYZ
ABC
1 + 1 = 2

4. Stunde

Wer den Himmel auf Erden sucht, hat im Erdkundeunterricht geschlafen

$a^2 = b^2 + c^2$

Biologielehrer: »Es ist mir schon klar, dass ihr euch nicht für Pantoffeltierchen interessiert. Bis ihr mal verheiratet seid, dann werdet ihr selber welche.«

Lehrer stürmt zu Beginn der Stunde ins Klassenzimmer: »Hallo, Leute, Fenster auf, ich stinke!«

Der Lehrer unterbricht seinen Unterricht und sieht aus dem Fenster in den Schulhof, wo offensichtlich Fünftklässler toben. Schüler: »Was ist denn da draußen los?« Lehrer: »Kleinvieh macht Mist.«

Lehrer kommt in die Klasse, schließt die Augen, öffnet sie wieder und sagt dann: »Ach Mist, ich hatte gehofft, ich hätte das nur geträumt.«

Lehrerin: »Die Kirche ist rund ... äh ... die Erde.«

Lehrer zu Schüler: »Wenn ich laut sagen würde, was ich an dir auszusetzen habe, würden deine Eltern mich anzeigen!«

Schüler zu Lehrerin: »Waren Sie letzte Woche krank?« Lehrerin: »Nein, ich krieg doch im November immer eine Woche frei, um auf eine Schönheitsfarm zu gehen. Sieht man das nicht?«

Eine Lehrerin ist krank, die Vertretungslehrerin sieht sich den Sitzplan an. Die Kinder in dieser 5. Klasse sind große Star-Wars-Fans und haben auf zwei freien Plätzen heimlich Namen hinzugefügt.
Die Lehrerin: »Wo sind denn Yoda und Obi-Wan? Noch nicht aus der Pause zurück?«

abcdef

Biolehrer: »Schafe, also biologische Rasenmäher.«

Lehrer: »Was ist die erholsamste Phase beim Schlaf?«
Schüler: »Beischlaf!«
Lehrer: »Wenn das deine erholsamste Phase ist, machst du was falsch.«

Lehrer: »Das ist doch komprimierter Unfug!«

Lehrerin: »Wir hätten es ja sonst nicht riechen können, weil wir es ja nicht mit der Nase getrunken haben.«

Lehrerin: »Im Allgemeinen wollen Männer in eurem Alter keine feste Beziehung.«
Schüler: »Doch, ich schon!«
Lehrerin: »Ich sprach von MÄNNERN!«

Lehrer zu Schüler: »Du schreibst heute eine Klausur, also häng nicht rum wie Pudding!«

Schüler: »Sie könnten ja auch Gott sein!«
Lehrer: »Was heißt hier könnte?«

1+1=2

Schüler zu Religionslehrerin: »Sind Sie schon erleuchtet worden?«
Lehrerin zückt einen grünen Stift mit Leuchtkugel am Ende: »Ja klar, wann immer ich will!«

Lehrer: »Wir müssen noch den Nationalsozialismus beenden – da müssen wir aber ein bisschen Gas geben.«

LEHRER: »UM ES MIT DEN WORTEN LUTHERS ZU SAGEN: AUS EINEM VERZAGTEN ARSCH KOMMT KEIN FRÖHLICHER FURZ!«

Chemielehrerin: »Und dann sagt das C-Atom zum H-Atom, du kannst mich gern haben, ich hab auch noch andere Freunde!«

Lehrer: »Ihr könnt ja mit einem Ohr zuhören und mit dem anderen mitschreiben.«

LEHRER: »ICH HAB EUCH EINEN TOTAL INTERESSANTEN ARTIKEL KOPIERT. DEN HABE ICH GESTERN BEIM ARZT IN EINER ZEITSCHRIFT ENTDECKT. ALS ICH MIR ÜBERLEGT HAB, WIE VIEL DER IN LETZTER ZEIT AN MIR VERDIENT HAT, HAB ICH DIE ZEITSCHRIFT EINFACH MITGENOMMEN.«

Deutschlehrer kommt ins Klassenzimmer und tut so, als ob er die Türe ablecken würde: »Ich zeige euch jetzt, was wir heute machen.«
Die Schüler schauen verdattert.
Lehrer: »Ihr kommt wohl nicht drauf? Lek-türe!«

LEHRER: »GEGEN WEN SOLLTEN DIE RITTER
KRIEG FÜHREN?
ES GAB DOCH NOCH KEINE RUSSEN.«

Einer Schülerin fällt mitten im Unterricht Kleingeld auf den Boden. Lehrer: »Ah, das Trinkgeld bitte gleich an mich!«

Lehrer: »Wir diskutieren jetzt so lange darüber, bis ihr meiner Meinung seid.«

Lehrer zu Schüler: »Kannst du dich mal hier vorne hinsetzen? Ich bin keiner von den Kollegen, die einen 360-Grad-Blick haben.«

Deutschlehrer: »Wer ist in diesem Satz Subjekt? Okay, wir stellen die Frage zugunsten des Prädikats zurück.«

Lehrerin zu Schüler, der Stuss redet: »Sag mal, was ist denn mit dir los, hast du am Wochenende zu viel konsumiert?«

Lehrer: »Bitte denken Sie daran, dass ich Sie würge, wenn Sie das machen!«

Lehrerin: »Wie man's dreht und wendet, man bleibt doch geblendet!«

Lehrerin: »Schlecht gibt's nicht. Es gibt nur Sachen, die man besser machen kann.«

Chemielehrer: »Wenn ich nur eins davon offen hätte, könntet ihr unsichtbaren Rauch sehen, den ihr nicht sehen könntet, weil er unsichtbar ist.«

Lehrer: »Was ist der Unterschied zwischen einem Masochisten und einem Sadisten? Der Masochist sagt: ›Schlag mich!‹ – der Sadist: ›NEIN!‹«

Sportlehrer während der Klausur: »Wer braucht noch Zeit? Legastheniker oder so?«
Schüler: »Ich! Ich bin Ausländer!«
Sportlehrer: »Ah? Hast du da ein Attest dafür?«

Lehrerin: »Nein, das brauchen wir heute nicht. Sie haben Ihr Buch umsonst nicht mitgenommen.«

Lehrer öffnet unter Protest die Fenster: »Oder ich lass euch an eurem eigenen Gas ersticken.«

Schüler: »Die Blätter sind ja schon wieder nicht gelocht.«
Lehrer: »O verdammt, ich hab extra die Kopiervorlage gelocht, bevor ich's kopiert habe.«

Schüler: »Was ist das eigentlich für ein Scheiß-Feministentext?«
Lehrer: »Endlich sagt es mal einer!«

Mathelehrer: »Sie sehen mich an, als ob ich gleich meinen Pulli hochziehen würde und drunter hätte ich einen Sprengstoffgürtel.«

Politiklehrer teilt Blätter aus: »Das ist eine Karikatur, über die sich die islamische Welt noch nicht aufgeregt hat.«

Es klopft an der Wand.
Lehrer: »Ahhh! Einer der Schüler, die ich 1985 eingemauert habe!«

Deutschlehrerin über den Aufsatz eines Schülers: »Ihre Ausdrucksweise ist barock, sie ist so gekräuselt.«

Schüler: »Glauben Sie, Gorbatschow würde das nach ihm benannte Getränk trinken?«
Lehrerin: »Ich weiß nicht, ich habe ihm diese Frage noch nie gestellt. Sie könnten ihm ja mal einen Brief schreiben.«

Biologielehrer: »Wunderbar … schön giftig.«

Schülerin wird von Lehrerin ermahnt, nicht zu schwätzen: »Aber ich hab doch grade gar nichts gesagt!«
Lehrerin: »Ach so, dann muss ich meine Halluzinationen in den Griff kriegen!«

Lehrer erklärt im Werkunterricht verschiedene Werkzeuge: »So, hier haben wir eine Feile, Raspel, Winkel und so weiter. Und wisst ihr, was der Hammer bei der Sache ist?« Er zeigt auf den Hammer: »Das da!«

Lehrerin: »Nicht denken, nur aufpassen!«

Lehrerin zu 11. Klasse: »Es ist schon erschreckend, dass ihr nächstes Jahr wählen dürft.«

GESCHICHTSLEHRERIN ÜBERPRÜFT, OB ALLE DAS GLEICHE BUCH HABEN: »ICH HAB DIE AUSGABE VON 2002, DAS WAR NACH DER WIEDERVEREINIGUNG.«

Lehrerin: »Das schreiben wir jetzt alle auf, dann haben wir zumindest das Gefühl, was getan zu haben.«

Englischlehrer erzählt von einem Film: »First it was boring, but then everybody was dying and then it was okay.«

Lehrerin: »Ich fühle mich, als wäre ich an ein Klo angeschlossen – es kommt nur Scheiße an.«

Lehrer kommt in das Klassenzimmer.
Schüler: »Mein großer dicker Freund ist da.«

Lehrer: »Eine Sache an diesem Satz ist falsch.«
Alle überlegen.
Lehrer: »Du hast keine Freunde.«

Englischlehrer: »Wow, civilization is starting to kick in here!«

Lehrerin über ihren ausstehenden Lottogewinn: »Es kann sein, dass ich ab nächster Woche nicht mehr da bin.«

LEHRER: »ALSO, WENN SIE DEN TEXT NICHT VERSTEHEN, DANN RENNEN SIE MAL MIT DEM KOPF GEGEN DIE WAND UND VERSUCHEN ES DANN NOCH EINMAL.«

Schülerin im Biologieunterricht: »Also, ich hab da mal 'ne Frage: Wenn der Fuß einschläft ...«
Biolehrerin: »Da kann ich notoperieren.«

Lehrer zu Schüler, der untätig herumsitzt, während die anderen schreiben: »Fängst du jetzt mal an zu schreiben?«
Schüler: »Ich hab nur noch ein Blatt.«
Lehrer: »Oh, du hast nur noch ein Blatt? In Afrika verhungern die Kinder! Die Welt ist ungerecht!«

Deutschlehrerin: »Leute, ihr könnt nicht Google als Quelle angeben. Das ist, als wenn ihr sagen würdet: Ich habe ein Buch benutzt, aber ich sage nicht, welches.«

Lehrerin: »Das frage ich lieber nicht in der Schulaufgabe ab, sonst kommen da noch Grimms Märchen in Neuauflage dabei raus.«

Lehrerin zu unaufmerksamem Schüler: »Jetzt pass doch endlich mal auf, sonst kett ich dich hinten hin.«
Schüler: »Da steh ich aber nicht drauf.«
Lehrerin: »Es geht hier nicht darum, worauf du stehst, sondern worauf ich stehe!«

Schülerin: »Ihre Meinung zu Atomkraft, Herr Bender?«
Lehrer: »Da bin ich klar dagegen, schließlich kommt mein Strom aus der Steckdose.«

Lehrerin beim Ausfragen eines Schülers: »Sie wissen viel mehr, als Sie wissen!«

IM UNTERRICHT WERDEN REFERATSTHEMEN VERTEILT. EIN SCHÜLER BESCHWERT SICH: »FÜR DAS THEMA VON MAX MUSS MAN NUR HALB SO VIEL STOFF DURCHARBEITEN!«
LEHRER: »ER IST AUCH NUR HALB SO BLÖD WIE DU!«

Lehrerin zu Schüler, der kaum hörbar etwas vorliest: »Lauter, lies wie ein Mann!«

Lehrer: »Das Fundament ist die Basis jeder Grundlage.«

Lehrerin: »Das Ziel ist der Weg. Oder war es andersrum?«

Lehrerin: »Wisst ihr was? Die chinesische Grammatik ist ein Gesicht, das sich in Falten legt.«

Schülerin: »Was macht eigentlich Gott, wenn keiner an ihn glaubt?« Religionslehrer: »Entweder er wartet, bis jemand an ihn glaubt, oder er schickt einen Blitz runter.«

Lehrer, ein Fan des FC Bayern: »Und bei meiner Stegreifaufgabe trägst du ein schwarz-gelbes Trikot? Das gibt Minuspunkte!«

Lehrer: »Es gibt wenige Momente im Leben eines Lehrers, die erfreulich sind. Eine Fünf oder eine Sechs unter 'ne Klausur knallen, herrlich! Und blaue Briefe schreiben, der Hammer!«

Lehrer: »Und die Erde dreht sich um die Sonne, weil die Sonne Gravitationskraft auf die Erde ausübt. Es gibt schließlich kein Stahlseil, welches Erde und Sonne verbindet.«
Schüler zeigt aus dem Fenster: »Aber da draußen ist ein Stahlseil!«
Lehrer: »Ja, das ist das Stahlseil zum Mond.«

Die Klasse diskutiert über das Kopftuchverbot in Deutschland.
Schüler: »Ich meine, hier rennt doch keiner mit dem Koran oder der Bibel rum und versucht, uns zu missionieren.«
Lehrer: »Ich jedenfalls habe immer das Grundgesetz dabei.«

Schülerin: »Was haben Sie in den Ferien gemacht?«
Lehrerin: »Wärt ihr jetzt in der 5. Klasse, würde ich euch jetzt die wildesten Ferienerlebnisse vorlügen. Aber weil ihr schon in der Oberstufe seid, sag ich euch die Wahrheit: Ich war den ganzen Sommer daheim und hab eure Arbeiten korrigiert.«

Thema im Unterricht: die Sonne. Schüler: »Gibt es in unserem Sonnensystem was Heißeres als die Sonne?«
Lehrer: »Ja, Pamela Anderson.«

Lehrer: »Stefan, ich hör dir jetzt einfach nicht zu, dann geht's mir besser.«

Lehrerin: »... ihr braucht das nie wieder. Außer wenn ich danach frage.«

Lehrerin zu Schüler: »Ist das eine Meldung?«
Schüler: »So halb.«
Lehrerin: »Dann nehme ich lieber eine ganze.«

Lehrer: »Bitte nicht den Kopf hinlegen beim Lesen!«
Schülerin: »Aber der ist grade so schwer.«
Lehrer: »Obwohl nichts drin ist?«

Draußen hört man ein Mädchen schreien.
Schüler: »Frau Mendel! Da draußen stirbt jemand!«
Lehrerin: »Dann macht's Fenster zu!«

Lehrer: »Ihr wisst gar nicht, wie fies ich sein kann!«

Lehrer: »Auch wenn du nichts weißt, schreib es trotzdem auf!«

Lehrer: »Nein, wir spielen jetzt nicht Hangman. Und wenn du so weitermachst, bist du gleich der hängende Mann!«

Englischlehrer: »Groupwork means a group is working.«

Lehrer: »Sven, komm mit!«
Schüler: »Wenn Sie mich siezen, komm ich!«
Lehrer: »Sie Pfeife, kommen Sie jetzt her!«

LATEINLEHRER: »DER RÖMISCHE STAAT WAR GRUNDSÄTZLICH PLEITE. IN DIESER HINSICHT WAR ER SEHR MODERN.«

Schüler rufen durch die Klasse: »Penis! Penis!«
Lehrerin: »Hier hat in Kürze keiner mehr einen Penis!«

Lehrer: »Physik im Klassenzimmer, das ist das Perverseste, was ich je gehört habe!«

LEHRERIN: »GIBT ES TEILE AN EUREM KÖRPER, DIE GRÖSSER WERDEN, WENN MAN SIE BENUTZT?«

Lehrer: »Sport ist Mord – aber wollen wir wirklich ewig leben?«

XYZ

Biologielehrer zur Definition von Honig: »Was die Blattläuse ausgeschissen haben, die Bienen gefressen und ausgewürgt, das schmieren wir uns aufs Brot. Mahlzeit!«

Lehrer: »Pubertät ist die Zeit, wo die Eltern anfangen, schwierig zu werden.«

Lehrer: »Ein blindes Korn findet auch mal ein Huhn.«

LEHRER: »SIMONE, BIST DU AUCH FÜR ATOMKRAFTWERKE?«
SIMONE: »NEIN.«
LEHRER: »GUT, DANN BEGRÜNDE! SCHLIESSLICH HAST DU EIN GRÜNES T-SHIRT AN.«

Chemielehrer: »Wenn ich mir vorstelle, dass ihr dieses Experiment allein durchführen sollt, mit konzentrierter Essigsäure, da stell ich lieber gleich mal den Verbandskasten hin.«

Lehrer: »Und jetzt noch mal für die Blinden, die nicht hören können.«

Lehrerin auf die Frage eines Schülers: »Wenn ich's wüsste, wäre ich Mathelehrer geworden.«

Lehrer: »Die USA, dieser kapitalistische Dickwanst ...«

Lehrer: »Ihr benehmt euch, als ob ihr gerade den aufrechten Gang gelernt hättet.«

Schülerin: »Herr Greimel, Sie haben da ein ›u‹ vergessen – es heißt ›Aufnahme‹ und nicht ›Afnahme‹.«
Lehrer: »Ja ja, die neue Rechtschreibung ...«

Schüler: »Chemie verstehe ich einfach nicht.«
Chemielehrer: »Das ist ganz einfach, sonst würde ich es ja auch nicht kapieren.«

Lehrer: »Demnächst baue ich mir so eine Fernseh-Attrappe und halt sie mir vor den Kopf. Vielleicht passt ihr dann besser auf.«

Zwillingsschwester einer Schülerin kommt ins Klassenzimmer.
Lehrer: »Haben sich eure Eltern kein anderes Gesicht ausgedacht?«

Ein Schüler hustet.
Lehrer: »Sascha, hör auf, hier so rumzuschleimen!«

Schüler: »Wie lange dauert es, bis eine Eiszeit entsteht, so zehn Jahre?«
Lehrerin: »Nein, länger, so zwölf bis 15 Jahre.«

Lehrer: »Jeder Lehrer muss mindestens einmal pro Stunde zum Höhepunkt kommen.«

Schülerin: »Wie viel wiegt ein Meteorit?«
Lehrer: »Kommt drauf an, wie schwer er ist.«

Schüler: »Ich hab mal gehört, dass Kondome Aidsviren durchlassen.«
Lehrer: »Nein, Kondome sind im Gegensatz zu manchen Leuten dicht. Stimmt's, David?«

Lehrerin: »Unsinn ist immer falsch.«

Lehrerin: »Das kann das finale Ende bedeuten.«

Lehrer: »Es ist besonders gefährlich, wenn es einen Sinn gibt.«

Lehrer sitzt da mit der Hand in der Hose. Alles lacht.
Schüler: »Sie sitzen da wie Al Bundy.«
Lehrer: »Dann hoffe ich, dass das eine angenehme Figur ist.«

Biologielehrer: »Rein biologisch sind nur die Sportarten gesund, die zur Nahrungsaufnahme oder zur Fortpflanzung dienen.«

Schüler sollen im Kunstunterricht einen Gegenstand aus Ton formen. Lehrerin: »Aber bitte formen Sie keine Penisse! Sie glauben nicht, wie viele Penisse ich hier schon bekommen habe! Mir müssen Sie nicht zeigen, wie ein Penis aussieht. Ich habe Kinder … und habe das Licht angelassen!«

Schüler: »Kann ich aufs Klo?«
Lehrer: »Verpiss dich!«

Lehrer: »Menschen ab 70 ziehen wieder häufiger um, das ist dann die Altersheimmobilität.«

Lehrer: »… und wenn man den Kaffee rückwärts rührt, wird er wieder zum Pulver.«

Lehrer: »Wir schreiben nächste Woche einen Test.«
Schüler: »O, MEIN GOTT!«
Lehrer: »Herr Schneider reicht.«

Lehrer: »Jetzt geht's ums Eingemachte!«

WIRTSCHAFTSLEHRER VERSUCHT, BETRIEBSWIRTSCHAFTLICHE GRUNDLAGEN ZU ERKLÄREN: »ALSO, WENN ZUM BEISPIEL IN EINER SCHULE ZU VIELE SCHÜLER DURCHGEFALLEN SIND, MUSS MAN DEN DIREKTOR ENTLASSEN.«

Schüler fragt Englischlehrer: »Are you old?«
Englischlehrer: »No. Ich bin in einer glücklichen Lage: Ich bin weder ›silly young man‹ noch ›dirty old man‹.«

Lehrerin: »Zuerst kommt das Fressen, dann die Moral!«

Geschichtslehrer: »Es gehörte auch zum Führerkult, dass Hitler sexuelle Elemente eingebaut hat. Zum Beispiel mussten bei Reden Zeppeline herumfliegen.«

Ein Schüler beschwert sich über die angeblich unfaire Notenvergabe.
Lehrer: »Wäre ich fair, wäre ich Anwalt geworden.«

Schüler: »Ey, Chuck Norris kann einen Panzer kickstarten.«
Lehrer kommt zur Tür herein: »Hab ich da meinen Namen gehört?«

Lehrer versucht, die goldene Regel zu erklären: »Wenn ich ein Masochist wäre, dürfte ich die anderen aber trotzdem nicht prügeln, auch wenn ich geprügelt werden wollte.«

Schüler: »Wie schreibt man ›Guillotine‹?«
Lehrer: »Ähm ... F-A-L-L-B-E-I-L.«

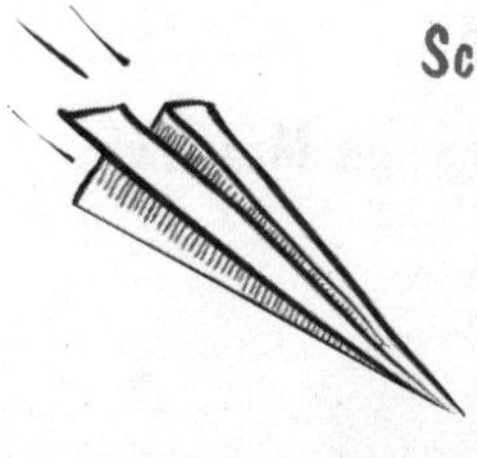

Eine Schülerin kommt vom Klo.
Lehrer: »Ich könnte jetzt natürlich fragen, ob es gut abgelaufen ist, aber das wäre zweideutig.«

Lehrer: »›Frustriert‹ ist so ein blödes Modewort. Nehmen wir lieber ›enttäuscht‹.«
Schüler: »Ist ›frustriert‹ nicht ein bisschen stärker als ›enttäuscht‹?«
Lehrer: »Das glaubt man nur, weil das so ein blödes Modewort ist.«

In einer 10. Klasse entspinnt sich eine Diskussion, ob die Schüler geduzt oder gesiezt werden sollen.
Lehrer: »Ich habe nichts gegen das ›Sie‹. ›Sie Rindvieh!‹ hört sich besser an als ›Du Rindvieh!‹.«

Lehrerin: »Ich bin nicht verrückt, ich habe bloß eine andere Realitätswahrnehmung als ihr.«

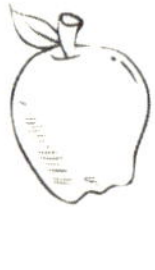

Physiklehrer: »Ohne Reibung keinen Spaß!«

Lehrer: »Wofür hat eine Frau vier Gehirnzellen? – Für jede Herdplatte eine.«

Deutschlehrer: »Sie müssen die Metapher nicht nur hinschreiben, sondern auch deuten. Wenn jemand zu Ihnen sagt: ›Du alte Ziege‹, dann denken Sie doch nicht: ›Aha, er gibt mir also einen Tiernamen‹.«

Lehrer: »Erhard war ein typischer Protagonist der Fresswelle.«

Lehrer teilt Stegreifaufgabe aus: »Die, die gelernt haben, bekommen eine Eins, die mit kleinen Fehlern eine Zwei und die Mädchen eine Drei.«

Schüler schreiben eine Klausur, die Zeit ist rum.
Lehrer: »So, jetzt bitte abgeben!«
Schüler: »O nein!«
Lehrer: »O ja! Aber ihr kriegt sie ja bald wieder. Da steht sogar noch was Schönes unten drunter.«

Lehrer: »Trotz eures sympathischen Äußeren – widerlich seid ihr!«

Lehrer zu Schüler, der die ganze Zeit den Unterricht stört: »Wenn du jetzt nicht sofort aufhörst, fliegst du hier raus. Du kannst dir gleich überlegen, ob du die Tür oder das Fenster nimmst.«

Chemielehrer: »Ab jetzt sagt ihr bitte nicht mehr: ›Oh, mein Fahrrad rostet‹, sondern ›An meinem Fahrrad hat eine Oxidation stattgefunden‹«.

Lehrerin: »Lehrer sind wie Wolken: Wenn sie sich verziehen, kann der Tag noch schön werden.«

Lehrer: »Wer von euch will Fußball spielen?«
Keiner meldet sich.

Lehrer: »Und wer will Hockey spielen?«
Keiner meldet sich.
Lehrer: »Wer will Eis essen gehen?«
Alle Hände sind oben.
Lehrer: »Kleiner Scherz. Ich wollte nur testen, ob ihr noch lebt!«

Lehrerin: »Wenn ich ›Bitte‹ sage, ist das ein Befehl!«

Lehrer: »Michael bekommt eine 1+, er hat ja auch geschleimt.«

XYZ

Lehrer: »Ich werf mich nachher hinter den Zug.«
Schüler: »Und wieso hinter den Zug und nicht davor?«
Lehrer: »Vor den Zug is' mir zu gefährlich.«

Lehrerin: »Man muss das Wurzel an der Übel packen.«

Schüler: »Haben Sie die Arbeiten?«
Lehrer: »Klar hab ich die Arbeiten. Nur noch nicht fertig!«

LEHRER: »WAS IST FÜR SIE WOHLSTAND? – ICH WEISS: FRAUEN, SAUFEN, BIER!«

Diskussion um Öltankerunglücke und die Folgen.
Schülerin zu Banknachbarin: »Stell dir mal vor, so ein Tanker explodiert richtig …«
Lehrer: »Und wenn DU explodierst, müssen wir alle Tiere retten.«

Lehrer: »Zum Problem der ›verschwundenen Minuten‹ wäre zu bedenken zu geben: Wenn man pro Stunde fünf Minuten damit verbringt, sich über das Thema ›Viel Stoff – wenig Zeit‹ auszulassen, so ist es kein Wunder, wenn alle zwei Wochen eine Stunde vermisst wird.«

LEHRERIN: »DENKEN? ICH BIN LEHRER!«

Lehrer: »Schreibt bitte bei ›Verwendung von Ethanol‹ nicht einfach drei Biersorten hin, das gilt nicht!«

Lehrerin zu einem Schüler: »Sie haben eine Reaktion wie eine Wanderdüne!«

SCHÜLER: »SEIEN SIE LIEBER NETT ZU MIR, ICH ZAHLE SPÄTER IHRE RENTE!«
LEHRER: »SEI DU LIEBER MAL NETT ZU MIR, VIELLEICHT BEZAHLE ICH IN EIN PAAR JAHREN DEINE SOZIALHILFE!«

Lehrer über Schülerin, die sehr viel schwätzt: »Wenn die mal stirbt, muss man die Klappe extra totschlagen.«

LEHRERIN BELAUSCHT ZWEI SCHÜLERINNEN, WIE SIE SICH ÜBER IHRE WOCHENENDAKTIVITÄTEN AUSTAUSCHEN: »ICH BIN JA NICHT NEUGIERIG, ICH WILL NUR ALLES WISSEN!«

Schüler: »Darf ich aufs Klo gehen?«
Lehrer: »Nein, aber das Fenster ist auf.«

Lehrer zu Schüler, der in seiner Hosentasche kramt: »Was machst du denn da? Spielst wohl Hosentaschenbillard?«

Lehrerin: »Die Arbeitnehmer sind richtig böse, die nehmen den Leuten die Arbeit weg.«

Lehrerin: »Der einzige Unterschied zwischen unserer Schule und der Klapse ist, dass man die Türen auch von innen aufmachen kann.«

Deutschlehrerin: »Jens, gib mir mal die Handynummer deiner Freundin.«
Schüler: »Wieso das denn?«
Lehrerin: »Ich muss mit ihr telefonieren, dass sie dich öfter ranlässt. Dann arbeitest du auch motivierter.«

Lehrer: »Kugelschreiber sind wie Deos – im entscheidenden Moment versagen sie.«

Lehrer: »Was sagen Sie, als Unbeteiligter, zum Thema Intelligenz?«

RELIGIONSLEHRERIN AM ENDE DER STUNDE: »ICH BEDANKE MICH FÜR DIE NICHT VORHANDENE AUFMERKSAMKEIT. AUF WIEDERSEHEN!«

XYZ
αβγ
ABC
a² = b² + c²
1 + 1 = 2

Große Pause

Lehrer läuft auf dem Pausenhof hin und her, als ob er total gestresst wäre.

Schüler: »Herr Linster, warum rennen Sie so konfus herum?«

Lehrer: »Ich möchte Beschäftigung simulieren.«

Lateinlehrerin zu Schülern, die sich in der Pause über Hefte beugen: »Was lernt ihr da?«
Schüler: »Chemie.«
Lateinlehrerin: »Igitt.«

Schüler 1 kloppt sich mit Schüler 2.
Lehrer: »Sebastian, hören Sie auf, sich mit Manuel zu prügeln!«
Schüler 1: »Das war nur ein physikalischer Feldversuch.«
Lehrer: »Ihre physikalischen Feldversuche können Sie machen, wenn Sie physikalisch draußen am Feld sind!«

Lehrerin auf dem Gang: »Lasst mich durch, meine Klasse erwartet mich schon sehnsüchtig!«

Lehrerin 1: »Scheiße!«
Lehrerin 2, unterrichtet auch Französisch: »Na aber! Das heißt doch ›merde‹!«
Lehrerin 1: »›Merde‹ reicht nicht aus, um meinen Gefühlszustand zu beschreiben.«

Lehrer: »Ich hoffe, wir sind um eins fertig, dann könnt ihr zum Essen gehen. Und ich auch!«

Es klingelt zur Pause.
Lehrer: »Viel Spaß beim Haschen und Paffen, beim Wichsen und Fixen, beim Laufen und Saufen.«

Lehrer: »Und als Belohnung machen wir dieses Mal nicht nur dreißig Minuten Pause, sondern eine ganze halbe Stunde!«

LEHRER 1: »KAUGUMMI HAT EINEN HAUCH VON PRIMITIVITÄT.«
LEHRER 2: »JA, UND MUNDGERUCH HAT EINEN HAUCH VON EKEL.«

Lehrer: »Heute habe ich so einen merkwürdigen Brief bekommen. Ich hab gleich gesehen, dass das eine Briefbombe ist, deswegen habe ich ihn gleich in der großen Pause im Lehrerzimmer aufgemacht.«

Ein Schüler kommt etwas verspätet nach der Pause in die Klasse.
Englischlehrer: »Christian, why are you so late?«
Schüler: »Sorry, I was in the secretary!«
Lehrer lächelt: »Nein, ich glaube nicht, dass du in der Sekretärin warst.«

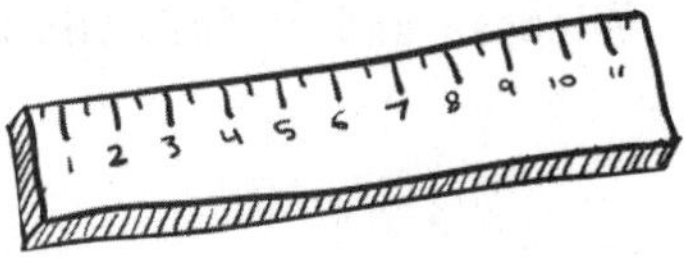

Lehrer steht vor einer Schülerin mit extrem starkem, süßlichem Parfum: »Mann, hier riecht's ja wie in einem Sibirischen Wanderpuff.«

Lehrer nach der Pause: »Meine lieben Damen und Herren, wir begeben uns auf unsere Sitzplätze und stecken all die wunderbaren kulinarischen Köstlichkeiten in unsere Schultaschen!«

Lehrerin nach der Pause: »Ihr lasst jetzt euer Essen verschwinden oder würgt es runter ... in einer Geschwindigkeit, die ungesund ist!«

XYZ
ABC
1+1=2
XYZ
ABC

5. Stunde

Dumm geboren, nichts dazugelernt und die Hälfte wieder vergessen

Eine Lehrerin kommt nach Jahren in eine Klasse, die sie schon einmal hatte: »Manche von uns sind schöner geworden. Ich sehe bewusst niemanden an, denn ich habe keinen Spiegel dabei.«

1+1=2

Lehrer: »Was möchten Sie werden, Markus?«
Markus: »Weiß nicht, irgendwas mit Schreiben.«
Lehrer: »Ah, Sekretärin also.«

Lehrer zu Schülerin: »Filtrier erst mal deine Gedanken, bevor du dich meldest.«

Biologielehrer: »Chloroplasten, was soll ich damit? Meinem Hund vorwerfen?«

Ein Schüler will seinen Lehrer darauf aufmerksam machen, dass ab sofort alle Sprüche für die Abizeitung gesammelt werden: »Herr Schmidt, wir fangen übrigens bald mit der Abizeitung an.«
Lehrer: »Ja, fragt sich nur, ob du dann noch dabei bist.«

Lehrer: »Wenn es um Frauen geht, verzichte ich auf tiefsinnige Logik.«

Schüler: »Wenn ich eine Sechs habe, spring ich aus dem Fenster.«
Lehrer: »Dann geh zwei Stockwerke höher, da lohnt es sich wenigstens.«

Chemielehrer erklärt seinen Versuch: »Habt ihr es gesehen? Es hat nach Chlor gerochen.«

DER TAGESLICHTPROJEKTOR WACKELT.
GESCHICHTSLEHRERIN: »HE, DU WACKELPUDDING! MACHT WAS! DER WACKELT! SONST MUSS ICH ZUM ARZT! DER WACKELT! MACHT WAS!«
EIN SCHÜLER BEHEBT DAS PROBLEM.
GESCHICHTSLEHRERIN: »KRIEGST EINEN PHYSIKNOBELPREIS!«

Lehrerin zu Schüler, der andauernd den Unterricht stört: »Du gehst jetzt vor die Tür!«
Schüler: »Und was soll ich da machen?«
Lehrerin: »Drück die Türklinke runter, häng dich auf, mir doch egal!«

Lehrer: »Das ist ja ein grüner Strich auf grünem Hintergrund, was soll das denn? Das ist genau so sinnlos wie 'nen Neger im Tunnel fotografieren. Also, nicht, dass ich was gegen Tunnel hätte!«

Schüler: »Ich glaube, Sie machen mir noch mehr Angst, als ich schon habe.«
Lehrer: »Das ist ja auch meine AUFGABE.«

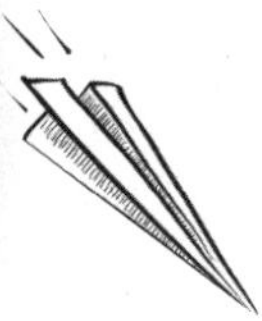

Lehrer: »Ich fress alles. Nein, keine kleinen Mädchen. Also alles, was auf den Tisch kommt.«

Lehrerin: »Und wenn man zehn Leute fragt, kriegt man elf Meinungen.«

SCHÜLER DISKUTIEREN, OB ES SINNVOLL WAR, DASS BERLIN HAUPTSTADT GEWORDEN IST.
LEHRER: »JA WART IHR ÜBERHAUPT SCHON MAL IN BONN? MENSCH, DAS IST SOOOO LANGWEILIG, DA IST ÜBERHAUPT NICHTS LOS!«

Lehrerin: »Ich brauche kein Haschisch, die Schüler berauschen mich auch so.«

LEHRER ZU SCHÜLER:
»ICH WEISS, DASS DU GROSSE DINGE VORHAST, ABER VON GROSSEN DINGEN BIST DU NOCH WEIT ENTFERNT.«

Lehrer: »Diesen Ruf, der euch vorauseilt, werden wir ad absurdum führen!«

Lehrer sucht jemanden, den er abfragen kann. Niemand meldet sich freiwillig.
Lehrer: »Dahinten höre ich ein Nicken!«

Schüler versucht, eine Wespe im Klassenzimmer zu erschlagen.
Lehrer: »Das ist genau die falsche Reaktion. Wenn man sich wie eine Blume verhält, wird man auch nicht gestochen.«

Lehrerin: »Als Lehrer kann man sich mit der Medienausstattung an dieser Schule echt die Kugel geben!«

Lehrerin in der letzten Stunde vor der Klausur: »Will keiner mehr was besprechen? Okay, das kann man jetzt in zwei Richtungen interpretieren: Entweder ihr seid wunschlos glücklich, oder ihr habt Angst.«

Schüler: »Ich glaube, ich nehme Englisch als Abiturfach.«
Lehrer: »Wenn du Englisch als Abiturfach nimmst, dann ist das so, als würdest du vom Zehnmeterbrett springen und genau wissen, dass kein Wasser im Becken ist.«

Geschichtslehrerin: »So, hier die Hausaufgabe. Sex gibt's dann nach den Ferien – also, die Sexuelle Revolution.«

Lehrerin beim Austeilen der Klausur: »Ich hab mich heute extra geduscht, damit ihr mir um den Hals fallen könnt.«

LEHRERIN: »DANN HAT DAS HERZ AUFGESCHLAGT ZU HÖREN.«

Lehrerin vor der Klausur: »Auch wenn ihr nur wenig gelernt habt, könnt ihr locker 'ne Sechs schaffen!«

Lehrer: »Hör auf, dich zu melden, das erinnert mich sonst zu sehr an Schule.«

Lehrer: »Die Syntax ist in der Luft das, was die Holländer auf unseren Autobahnen sind.«

Lehrer: »Es gibt materieloses Sein.«

Lehrer: »Hör auf, dich zu melden, wir sind ja hier nicht auf einer Demonstration.«

Lehrer: »Und bist du nicht mehr lebensfroh, so stürze dich ins H_2O.«

Lehrer: »Der Produktivitätsindex in diesem Raum zeigt einen erheblichen Rückgang. Auf Deutsch: Wir sind im Arsch!«

Lehrer: »Ja, ich hab schon wieder Unterbier ...«

Lehrerin: »Sie sind so gut drauf, haben Sie in der Pause was getrunken?«

Lehrer: »Das waren Frauen wie du und ich.«

Lehrer: »Es wäre zum Irrewerden, wenn ihr nicht so lustig wärt!«

Deutschlehrerin: »Wo ein Wille ist, da ist auch ein Busch.«

$a^2=b^2+c^2$

Lehrer: »Wer hat hier eine Halskette?«
Schülerin meldet sich: »Ich!«
Lehrer: »Ah, endlich bist du auch mal für was gut.«

Lehrerin: »Ihr könnt eure Schultüten wieder rausholen …«

Lehrerin: »Ich bin nicht eure Mutter. Ihr müsst mir zuhören!«

Geschichtslehrer: »Es ist ganz klar, warum es zur Französischen Revolution kam. Der König baute sich ein Klo, aber keins für all die anderen Leute.«

Lehrerin zu einer Schülerin mit einer Vier im Zeugnis: »Nein, du brauchst auf keinen Fall Übungen oder Hausaufgaben, du bist die totale Einserschülerin.«

LEHRERIN: »ICH BIN EIN ESEL,
GEWISSERMASSEN,
WEIL ICH ESELSBRÜCKEN BRAUCHE.«

Lehrer: »Jeder kann ein Vorbild sein. Zur Not auch ein schlechtes.«

Schüler: »Hau'n Sie mal 'ne Techno-Mucke rein!«
Lehrerin: »Ja klar, wozu hätte ich sonst
den CD-Player mitbringen sollen?«

Chemielehrer macht ein Experiment vor der Klasse: »Wenn da wirklich was passieren könnte, wär's ein Schülerversuch und kein Lehrerversuch.«

Chemielehrer: »... bis der letzte Blinde die Farbänderung sieht.«

Lehrerin: »Alle dreiviertel Stunden zu kommen, ist echt hart.«

Lehrer: »Du musst dich jetzt nicht dafür entschuldigen, dass du das kannst.«

Schüler beschweren sich,
dass sie Hausaufgaben bekommen.
Lehrer: »Morgen ist der Tag der Arbeit,
da müsst ihr was tun.«

Lehrer erzählt vom Urlaub: »Und dann das Englische Frühstück. Das sieht aus, als wenn ein Pathologe das einer Wasserleiche aus dem Magen gepumpt hätte. Und es schmeckt auch so.«

Lehrerin: »Das schreiben wir jetzt nicht groß auf, ihr merkt euch das eh nicht.«

Ein sitzender Schüler blickt zum Lehrer auf, der sich vor ihm aufgebaut hat: »Herr Meineke, wie ist die Luft da oben?«

Lehrer: »Es riecht nach Zwergen ...«

Lehrerin: »Mein Korrekturstift gerät zunehmend in Wut, ich natürlich nicht.«

Lehrer: »Tom, für dich brauch ich eine Note, die man nicht mit einer Hand zeigen kann.«

Lehrer zu Schülerin: »Du guckst wie ein Auto, nur nicht so schnell.«

Lehrer: »Wenn du ein Auto wärst, würde ich jetzt denken, du sparst Sprit.«

Lehrer: »Wenn du so weitermachst, hau ich dir den Kopf zwischen den Ohren weg.«

Englischlehrerin: »We presents the Grundwissen from the last year.«

Chemielehrer: »Irgendwo lag hier mal ein Elektron rum …«

Lehrerin: »Ein Schüler hat mir letztens einen schweinischen Witz erzählt, aber ich erzähl ihn euch nicht weiter. Der landet sicher bei euren Eltern.«

Lehrer: »Ich geh mal kurz in den Keller, vielleicht treff ich ja zufällig euer Niveau.«

Lehrer: »Ich glaub, mir rutscht ein Ei aus der Tasche …«

Lehrer amüsiert sich über das Outfit eines Schülers: »Also, wenn du so daherkommst, ist es kein Wunder, dass dich keine nimmt.«

Lehrerin: »Ist es bis dahin kapierbar?«

Lehrerin ärgert sich über schwätzende Schüler: »Wenn Sie es nicht wissen, dann einfach den Kopf auf die Bank legen und pennen. Das stört nicht!«

Englischlehrerin zur unruhigen Klasse: »Top stalking!«

Lehrer: »Arbeiten, bei denen man sich bücken muss, sind Frauenarbeiten.«

Schüler: »Heißen Sie Ralf?«
Lehrer: »Ja?! Nein, das ist mein Tarnvorname für die Schule.«

Lehrer: »Es gibt dumme Leute, es gibt saudumme Leute, und es gibt Leute, die den Berg hochfahren und bremsen.«

Lehrer: »Und ich muss den Schmarrn korrigieren, den Sie da schreiben.«

LEHRER KOMMT NACH LÄNGERER VERLETZUNGSPAUSE WIEDER IN DIE SCHULE: »ICH HAB GAR NICHTS ANGESTELLT! SO EIN BLÖDES AUTO HAT MICH ÜBERFAHREN, BLOSS WEIL ICH BEI ROT ÜBER DIE STRASSE GELAUFEN BIN!«

Schülerin: »Können Sie vielleicht das Grundthema der nächsten Klassenarbeit nennen?«
Lehrer: »Ja, Grundthema: alles.«

Lehrerin: »Wieso trägt das dazu bei?«
Schülerin: »Wieso nicht?«
Lehrerin: »Ich hab zuerst gefragt!«

Lehrerin: »Das macht keinen Spaß mit der neuen Kreide, die staubt nicht, kratzt nicht, nichts!«

Vor der Tür schreien Fünftklässler herum. Lehrerin: »Ach, diese geisteskranken Kinder!«

Lehrerin: »Das ist wie beim Sport. Wer den Korb nicht trifft, hat auch kein Tor geschossen.«

Lehrer: »Schluss mit diesem verbalen Durchfall!«

LEHRERIN: »LIEBER ROTWEIN ALS TOT SEIN!«

Lehrerin: »Ein Dackel ist ein oberbayrischer Trachtenhund.«

Lehrer: »Der einzige Nachteil ist, dass es keine Vorteile hat.«

Lehrer: »Manche gehen mit dem Computer auf den Strich. Sie gehen online.«

Lehrerin: »Markus, Sie können doch nicht einfach den Tobi schlagen! Ich bin die Einzige, die hier Gewalt ausüben darf!«

Biologielehrer: »Die sexuelle Fortpflanzung ist ein langweiliger … na ja, Ansichtssache.«

Biologielehrer: »Fortpflanzung ist das A und O in der Biologie.«

Lehrer über das neue Lehrbuch: »Das Buch ist schlecht, aber für euch reicht es. Das sollte jetzt nicht beleidigend gemeint sein!«

Schülerin: »Plinius wurde etwa 61–62 nach Christus geboren.«

Lehrer: »Das war aber eine lange Geburt.«

Englischlehrerin: »I don't know where I read this – I think it was on the radio.«

Lehrerin: »Und dann kommt Edeka. Ende der Karriere!«

Lehrer möchte Schülerin abfragen, diese weigert sich.
Lehrer: »Pass auf, wir denken beide an eine Zahl, und wenn deine höher ist, nehme ich jemand anderen dran, okay?«
Schülerin: »Okay.«
Lehrer: »Und, was ist deine Zahl?«
Schülerin: »15.«
Lehrer: »Schade, ich hab die 16.«

Lehrer: »Was die Dinosaurier vor Millionen von Jahren ausgepisst haben, trinken wir heute.«

Lehrerin: »In unserer Gesellschaft sind ein Drittel Alleinerziehende ohne Kinder.«

Geschichtslehrerin: »Andreas, nenne mal einen Namen von der kirchlichen Seite bei der Industrialisierung.«
Schüler: »Raiffeisen.«
Lehrerin: »Zum Glück heißt der Papst im Moment nicht Volksbank!«

xyz

Lehrerin: »Eigentlich weiß ich ja immer alles ...«

Lehrer: »Bei den katholischen Pfarrern ist es noch schlimmer, die dürfen keine Frauen haben. Was sollen sie machen, Ausschwitzen geht ja nicht.«

Lehrer: »Wenn ein Gefäß ausgeleert wird, wird der Inhalt evakuiert, und es bleibt nur Luft übrig.«

Ein Schüler muss an der Tafel was vorrechnen, die ganze Klasse lacht. Mathelehrer: »Jetzt lacht den Stefan doch nicht so aus, es reicht ja, wenn ich lache!«

Lehrer ermahnt die Schüler vor der Klausur, dass sie deutlich schreiben sollen: »Wenn ich was nicht lesen kann, wird ein Fehler angerechnet. Ich kann nicht noch zum Schriftgelehrten gehen!«

Chemielehrer: »Damit noch ein bisschen Temperatur in den Raum kommt, experimentieren wir ein bisschen mit dem Bunsenbrenner.«

Lehrerin: »Malte, pack deine Sachen und setz dich da hinter, und zwar für den Rest des Schuljahres.«
Malte: »Nein, nicht schon wieder!«

Lehrer: »Lina, bitte unterlassen Sie in meiner Stunde das Stricken!«
Lina: »Eigentlich hab ich ja nur meine Brille geputzt.«

LEHRER ÜBER GRUPPENARBEIT:
»ZUERST MACHT IHR EURE FEHLER SELBER,
UND DANN VERGLEICHT IHR SIE.«

Lehrer: »Beispiel: Die Schüler haben Unterricht bei einem guten Lehrer ...« Die Klasse räuspert sich. »Ich rede nicht von mir!«

Lehrer: »Das, was wir hier lernen, haben die Forscher in Hunderten Jahren mühsam ausgegraben und geraten!«

LEHRER: »ICH SAG NUR FF – VÖLLIG FALSCH!«

Lehrer: »Der Unterschied zwischen Nico und mir ist, dass er mich dauernd stört und ich ihn selten.«

Chemielehrer: »Für diesen Versuch benötigen wir eine Schutzbrille.« Er kramt in der Schublade. »Leider haben wir gerade keine da. Marcel, du kommst mal vor und führst den Versuch durch.«

Lehrer: »Thomas Mann hatte kein Abitur.
Man muss sich also auf sein Abi nichts einbilden.
Na ja, ich hab's!«

LEHRER: »DAS MACHEN EURE ELTERN
WIE HITLER. WENN SIE EIN KANINCHEN ZÜCHTEN,
UND ES KOMMT EIN KRÜPPEL RAUS, WERFEN SIE
ES AN DIE WAND.«

Lehrer: »Schreibt doch bitte eine Anleitung zum Aufbau eines Regals oder dergleichen.«
Schüler: »Ich finde, man braucht keine Anleitung für so was. Einfach drauflos und das Beste hoffen, dass was Gutes dabei rauskommt.«
Lehrer: »Das haben sich deine Eltern bei dir damals wohl auch gedacht.«

Schülerin: »Ich hab mal gehört, wie ein Fötus befruchtet worden ist.«
Lehrer: »Und, wie soll das gehen?«

LEHRER VOR DER KLAUSUR: »MARIE, SETZ DICH NEBEN TOM.«
TOM: »SIE GLAUBEN WOHL, VON MIR KANN SIE NICHTS ABSCHREIBEN?«
LEHRER: »DOCH, ABER WAS WILL SIE MIT DEINEM NAMEN?«

Lehrerin: »Vanessa, das ist ein Irrtum, und zwar ein falscher!«

Lehrer: »Sieben Bier sind eine Mahlzeit – und 14 Bier eine Fleischvergiftung.«

Lehrerin: »Wenn ich eine Frage stelle und sich niemand meldet, gehe ich davon aus, dass es jeder weiß.«

Lehrer: »Ich würde gerne die Welt verbessern, aber Gott rückt den Quellcode nicht raus.«

Lehrerin blättert im Buch: »Hm, dieses Buch ist schlauer als ich.«

IM DEUTSCHUNTERRICHT WIRD GERADE SOPHOKLES' ANTIGONE DURCHGENOMMEN.
LEHRERIN: »ALSO, WAS FÜR EIN TYP WAR KREON?«
SCHÜLERIN: »DAS WAR VOLL DER COOLE CHECKER!«
LEHRERIN: »SO, UND NUN BRINGST DU MIR EIN ZITAT, DAS DAS BELEGT!«

Schülerin: »Der Andi sagt, er ist kurz vor dem geistigen Orgasmus.«
Lehrer: »Hoffentlich kommt da nichts bei den Ohren raus!«

Religionslehrerin: »Natürlich ist das Krümelmonster ein Beziehungswesen – es braucht ja jemand, der ihm Kekse bringt.«

Lehrer: »Was du nicht willst, das man dir tu, das füg ich vorher andern zu.«

Schülerin: »Frau Hartge, ich wollte Sie immer schon mal was fragen ...«
Lehrerin: »Nein, ich bin keine Lesbe, falls du das wissen willst.«

Lehrerin: »Wer nicht zuhören mag, schreibt mit, dann hört er wenigstens zu.«

Lehrer im Sexualkundeunterricht: »Sperma besteht hauptsächlich aus Eiweißen und Zucker.«
Schülerin: »Warum schmeckt es dann nicht süß?«
Lehrer: »Weil man Zucker auf der Zungenspitze schmeckt und nicht hinten im Rachen.«

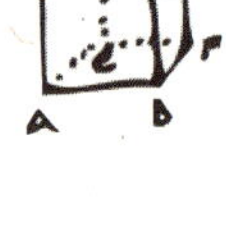

Englischlehrer: »Can you believe that they believe that? It's unbelievable.«

Lehrer: »Sagt Abraham zu Bebraham, ein Glück, dass wir kein Zebra ham.«

Lehrerin: »Wenn man blind ist, sieht man schlecht.«

Lehrer: »Mensch, Fabian, so langsam, wie du dich zur Tafel bewegst, da würde draußen ja noch nicht mal der Bewegungsmelder angehen!«

Chemielehrer: »Hm, eine Weinprobe? Das ist angewandte Chemie!«

Lehrer zu einem Schüler, den er gerade abgefragt hat:
»Wie würdest du dich selbst einschätzen?«
Schüler: »10 Punkte?«
Lehrer: »Such dir eine der beiden Zahlen aus.«

Englischlehrerin: »You look like question marks.«

Lehrer: »Jetzt zünde ich mal eine Kerze an. Damit euch ein Licht aufgeht.«

Lehrerin: »Erst die Arbeit, dann der Beruf.«

EINE SCHÜLERIN SOLL EINE LISTE FÜHREN, WER DIE LEKTÜRE SCHON BEZAHLT HAT: »FRAU WENGEMANN, SOLL ICH HAKEN ODER KREUZE HINTER DIE NAMEN MACHEN?« DEUTSCHLEHRERIN: »MIR DOCH EGAL, VON MIR AUS MACHEN SIE HAKENKREUZE.«

Lehrer zu Schülerin: »Sie haben einen enormen Überschuss an Leistungsdefizit.«

Lehrer: »In dieser Klasse habe ich den Eindruck, hier hat sich die geballte Dummheit versammelt.«

Lehrer: »Was jetzt kommt, solltet ihr schnellstens in euer Gehirn reinbeamen!«

SCHÜLERIN ÜBERSETZT AUS DEM LATEINISCHEN. LATEINLEHRERIN: »MIT DIESEM WORTSCHATZ KANNST DU HÖCHSTENS EINEN SCHWESTERN-HELFERINNENLEHRGANG IN LATEIN MACHEN.«

Lehrer zu Schüler: »Eigentlich solltest du mal Fischer werden. Mit deinen Wissenslöchern könnte man ganze Netze knüpfen.«

LEHRER: »WIR SIND AN EINEM PUNKT ANGELANGT, AN DEM KEIN LEHRBUCH UND KEIN SCHRAUBENSCHLÜSSEL MEHR HILFT.«

Eine Schülerin stöhnt vor Freude, weil sie eine Drei für die Schularbeit bekommen hat.
Lehrer: »Das Geräusch erinnert mich an irgendetwas. Hauptsache befriedigend.«

Biologielehrerin: »Weil das so interessant ist, wie Bakterien Sex haben, sehen wir uns das mal an.«

Deutschlehrerin kämpft gegen schwätzende Schüler an: »Tut bitte wenigstens so, als ob es euch interessieren würde.«

Mehrere Schüler fehlen wegen eines Volleyballturniers.
Lehrer: »Und wo ist Dirk?«
Schüler: »Der ist auch beim Turnier.«
Lehrer: »Was, der spielt Volleyball? Den würde ich höchstens zum Bälleeinfetten benutzen.«

Lehrer zu Schüler: »Bist du so blöd, oder tust du nur so?«

Lehrer: »Seid bitte leise, wir wollen 'n bisschen Stoff durchziehen.«

Lehrer vor der Klausur: »Ihr könnt spicken, aber wenn ich euch erwische, habt ihr verschissen bis in die Steinzeit und drei Steine weiter.«

Schüler, nachdem er gerade die Deutscharbeit zurückbekommen hat: »Wieso hab ich eine Sechs?« Lehrer: »Weil es keine Sieben gibt.«

Lehrer: »Ich musste beim Korrigieren wieder drei Tafeln Schokolade essen, so schlecht waren eure Arbeiten.«

Lehrer: »Ich bring demnächst mal meine Wasserpistole mit, damit ich meinen aggressiven Gelüsten ohne Verletzungsgefahr für euch nachgehen kann.«

Lehrerin: »Mailand hat keine Kläranlage. Die ganze Soße läuft in den Fluss. Ich glaube, der heißt ja auch Po.«

Lehrer: »Wenn Schüler nerven, nerv ich einfach zurück.«

Lehrer hat ein Kabel mit 500 Volt in der Hand: »He, Oliver, möchtest du mal eine leitende Position haben?«

Chemielehrer: »Chemielehrer ist der tollste Beruf, du kannst den ganzen Tag spielen, lustige Experimente machen und bekommst auch noch Geld dafür.«

$a^2=b^2+c^2$

Lehrer: »Jetzt nimm doch mal den Finger runter!«
Schüler: »Ich hab aber 'ne Frage.«
Lehrer: »Ich will jetzt aber nicht gefragt werden.«

Lehrer: »Das wird ein Spaß, wenn wir in dreißig Jahren mal ein Klassentreffen haben. Ich fahre dann mit Rollstuhl rein und lache über euren Bandscheibenvorfall.«

Lehrer: »›Läutern‹ heißt im Hochdeutschen ›reinigen‹. Natürlich sagt man nicht: Ich läutere jetzt mein Frühstücksgeschirr.«

Lehrer: »Es gibt keinen Dreck. Es gibt nur Materie am falschen Ort.«

Lehrerin zu Schüler, der gar nichts weiß: »Also im Moment habe ich das Gefühl, dass sich in deinem Kopf gar kein Hirn befindet.«

Biologielehrer zum Thema Alterungsprozesse: »Wenn man mit fünfzig aufwacht und es tut einem nichts weh, dann ist man wahrscheinlich tot.«

Lehrerin: »Die Klasse war so schlecht, dass sämtliche Schüler unter dem Klassendurchschnitt lagen ...«

Lehrer: »Die Schüler versuchen mich zu bestechen, sie verteilen Cent-Stücke auf meinem Weg. Ich habe schon fast zehn Cent gefunden!«
Schülerin: »Und es ist Ihnen nicht zu blöd, die einzusammeln?«
Lehrer: »Überhaupt nicht. Für einen Cent bück ich mich auch mal!«

Lehrerin: »Heute geht es um Neandertaler. Tobias, kommst du bitte nach vorne?«

LEHRER: »HEUTE MORGEN HAB ICH SCHON ›BEATE‹ STATT ›BEACHTE‹ AN DIE TAFEL GESCHRIEBEN. WENN DAS MEINE FRAU MITBEKOMMT ...«

Lehrerin: »Wissen ist Macht. Ihr wisst nichts – macht nichts.«

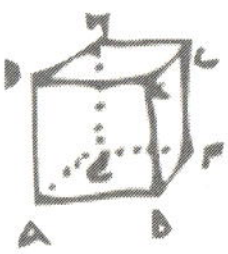

Lehrer: »Wenn alle klauen, kommt wenigstens nichts weg.«

Die Nachmittagsklasse darf Pizza bestellen, ein Schüler soll die Bestellungen sammeln.
Lehrer: »Gerd, welche willst du?«
Schüler: »Quattro Stagioni.«
Lehrer: »Da musst du was anderes nehmen, das kann der Arne nicht schreiben.«

LEHRER: »ALSO, WENN ICH MENSCHEN UM MICH HABEN WILL, DIE NICHT MITDENKEN, DA KANN ICH AUCH ZU HAUSE BLEIBEN.«

Geschichtslehrer: »Bereitet bitte die Judenverfolgung vor.«

LEHRER: »EIN GUTES REFERAT IST WIE EIN BIKINI: KNAPP, DAS WESENTLICHE ABDECKEND UND ANSPRECHEND.«

Französischlehrer zu Schüler: »Sie konjugieren wie der letzte Höhlenmensch.«

Lehrer gibt eine Klassenarbeit zurück, die miserabel ausgefallen ist: »Wenn ich nicht wüsste, dass ich ein so guter Lehrer bin, würde ich mich jetzt erschießen.«

SPORTLEHRER ERKLÄRT, WELCHE WAHLBEREICHE ES IM FACH SPORT GIBT.
SCHÜLER: »WIESO NICHT KEGELN ODER STABHOCHSPRUNG?«
LEHRER: »NA KLAR, ODER KAUKASISCHER SÄBELTANZ ODER FERNÖSTLICHES FRAUENSCHUBSEN.«

Lehrerin: »Selbst die Marsmännchen waren besser im PISA-Test als wir.«

Lehrer: »Sammelt mal Geld, die Rotstifte für eure Klausuren bezahl ich nicht mehr!«

LEHRER: »DAS EINZIGE, WAS IN DER DEMOKRATIE NERVT, IST, DASS MAN DEN ANDEREN AUSREDEN LASSEN MUSS.«

Lehrer: »Quäle nie ein Tier zum Scherz, denn es könnt geladen sein.«

PHYSIKLEHRERIN RECHNET AN DER TAFEL HERUM, ALS ES GONGT: »IHR WARTET BITTE – BIS ICH DAS VERSTANDEN HABE.«

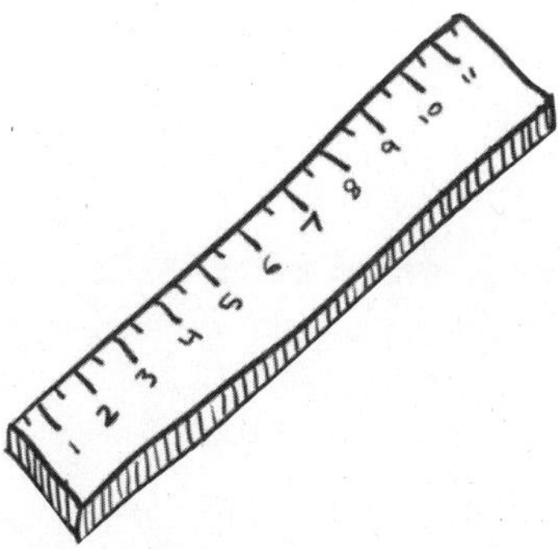

XYZ
ABC
1+1=2
XYZ
ABC

6. Stunde

Manche lernen's nie,
einige noch später

$2 \cdot 2 = 4$

Lehrer: »Es ist mir egal, ob ihr hier was lernt. Ich muss nur 25 Prozent der Klasse durch die Klausur bringen, dann bin ich auf der sicheren Seite.«

$1 + 1 = 2$

Lehrer: »Die Drei ist die Eins des kleinen Mannes.«

Lehrer: »Dummheit schafft Freizeit.«

Lehrer: »Das müsst ihr nicht verstehen, das müsst ihr auswendig lernen.«

Lehrerin: »Ich bin völlig durchgedreht.
Aber ohne Drogen – ehrlich!«

Chemielehrerin: »Unser Universum stelle schön langsam Eisen, Nickel und Kobalt her und in besonders kranken Stunden auch mal was Schwereres!«

Lateinlehrerin: »Ich finde, Asterix und Obelix ist für zurückgebliebene Schüler absolut als Wörterbuch geeignet – immerhin sind auch ein paar Bilder drin.«

Lehrer: »Früher hieß es immer: DDR – Der Dumme Rest.«

Lehrerin: »Da geh'n die Schüler 13 Jahre in die Schule und haben es nicht gelernt, den Lehrer auch nur ansatzweise zu bescheißen.«

Schülerin über ein Arbeitsblatt, das sich aufs Lehrbuch bezieht: »Da stehen ja falsche Seitenzahlen drin.«
Lehrer: »Zusätzliche Hindernisse, Hauptschüler könnten damit gar nicht arbeiten.«

Lehrerin: »Am liebsten würde ich euch alle loswerden, aber Massenmorde fallen so schrecklich auf.«

Geschichtslehrerin: »Mensch, jetzt habe ich so einen schönen Satz gehabt! Nur weil ihr euch die ganze Zeit prügelt, habe ich den jetzt vergessen. Dirk, mach mal einen schönen Satz mit ›Besatzungszonen‹!«

Lehrer: »Napoleon hat viel Schaden hinterlassen: Häuser kaputt, Autos kaputt ...«

Lehrer: »Lehrer und Schüler, alles abnorme Kreaturen.«

Biologielehrer fragt Schüler ab: »Sag mir die Kennseuchen ... äh Kennzeichen von ...«

Deutschlehrer: »Worum geht es in der ersten Strophe, Sandra?«
Sandra: »Hm, in der ersten Strophe, also, da geht es los.«
Deutschlehrer: »Das tut es meistens in der ersten Strophe!«

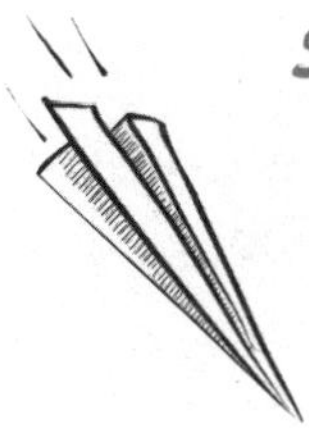

Schülerin geht ans Fenster.
Lehrer: »Tu's nicht, nicht springen!«

Lehrerin: »Meine Ohren reichen bis zum Hintersten!«

Schüler fragt etwas.
Lehrer: »Moment, ich muss schnell die Brille ausziehen, sonst hör ich dich nicht.«

Lehrerin über Amerika: »Die Simpsons passen auch immer gut zur Landeskunde.«

Sportlehrer: »Mach nicht dieses blöde Rechtsaußengesicht.«

Schüler bei einem Versuch: »Ist das ein gekochtes oder ein rohes Ei?«
Lehrer: »Das ist ein Bio-Ei!«

Lehrer: »Natürlich bin ich für Emanzipation. Auch Frauen sollen was sagen dürfen, aber nur, wenn ich will.«

Geschichtslehrer: »Am 21. Januar wird Ludwig XIV. ermordet. Genau drei Tage vor meinem Geburtstag!«

Lehrer: »Alkohol kann Freudenfeste stören, weil dann alles nachher kotzt.«

Schüler: »Haben Sie eigentlich Kinder?«
Lehrer: »Weiß nicht. Da muss ich mal rumtelefonieren.«

Lehrer: »Ihr dürft ja ruhig Fehler machen, aber doch nicht immer dieselben, die Auswahl ist doch riesengroß.«

Schüler: »Was heißt eigentlich ›E‹?«
Lehrer: »Gut!«
Schüler: »Und was heißt dann ›Eunuch‹?«
Lehrer: »Gut abgeschnitten.«

Lehrer: »Lehrer weg, freier Blick auf die Tafel.«

Lehrer: »Dichter sind Seismographen unserer Zeit.«

Lehrerin: »Nein, nein, nein, nein, nein, nein, nein, NEIN, NEIN, nein, nein – und damit meine ich NEIN!«

LEHRERIN IN DER VERTRETUNGSSTUNDE: »NOTFALLS ESSEN SIE WAS, WENN DAS GEHIRN SCHON KEINE AUFGABE HAT, DANN WENIGSTENS DER MAGEN!«

Deutschlehrer: »Du bist ein Goethe-Freak, du liebst Goethe, du bekommst gleich 'nen Orgasmus vor lauter Goethe ...«

SCHÜLER IM SPORTUNTERRICHT: »OH, MANN, MEIN ARM IST IM ARSCH.«
LEHRER: »WENN EIN ARM IM ARSCH IST, NENNT MAN DAS FISTING!«

Englischlehrer: »Don't make that mistake! Wenn du das immer noch nicht kapiert hast, hast du an unserer Schule nichts zu suchen.«

Schülerin: »Was sagt die Kirche eigentlich zum Klimawandel?«
Religionslehrer: »Die ist dagegen!«

Lehrerin: »Der junge Mann war kein typischer junger Mann, weil er sich wie ein wandelndes Sexmonster benommen hat, sondern ...«

LEHRER: »WER MÖCHTE SICH MAL AN DER TAFEL VERSUCHEN? WENN'S FALSCH IST, IST ES AUCH NICHT SCHLIMM. HAUPTSACHE, WIR HABEN SPASS!«

Schüler zum Deutschlehrer: »Sie sind doch geil auf Textbelege, oder?«
Lehrer: »Na klar, ich sag zu meiner Frau abends immer: Schade, dass du kein Textbeleg bist.«

Lehrerin: »Ich finde nicht, dass ich zu schnell lese. Ihr hört einfach zu langsam zu.«

Lehrerin: »Axel, Sie führen sich heute auf, als hätten Sie zu viel Schokolade gegessen.«

Lehrerin am Schuljahresende: »Sie waren mein absoluter Lieblingszuckerkurs ... Schnuckiputzis!«

Lehrer: »Leute, fresst Scheiße, 2000 Fliegen können nicht irren!«

Lehrerin: »... er war hässlich, sie war hässlich, das erste Kind mussten sie wegschmeißen ...«

Lehrer: »Wenn du nicht sofort ruhig bist, gehen wir zusammen vor die Tür, und wenn du wieder reinkommst und ein blaues Auge hast, wirst du sagen, dass du ausgerutscht bist und gegen das Treppengeländer gefallen bist!«

Lehrerin: »Willst du behaupten, ihr werdet erwachsen?«

Lehrer zu Schülerin: »Wenn du mal Abitur hast, dann lad mich bitte ein.«

Lehrerin: »Ihr dürft im Unterricht trinken, aber nicht die ganze Zeit rumsaufen!«

Schüler: »Hier, ich sollte Ihnen noch meine Strafarbeit geben.«
Lehrer: »Das war keine Strafe, sondern ein Fortbildungsprogramm.«

Lehrerin gibt Klassenarbeit zurück: »Diesmal waren die im Vorteil, die gelernt haben.«

Lehrerin: »Ob ich schreie oder flüstere, ihr macht's sowieso falsch!«

Besprechung von Goethes Faust
Lehrerin: »Was will Faust?«
Schülerin: »Er hat wieder Lebenswillen!«
Lehrerin: »Ja! Er will poppen!«

LEHRER: »NACH DER LETZTEN KLAUSUR DACHTE ICH, JETZT MUSS ICH BALD EIN PAAR VON EUCH ERSCHIESSEN. ABER MITTLERWEILE SOLLTE ICH MIR LIEBER EINE HANDGRANATE BESORGEN.«

Lehrerin: »Ihr macht mich fertig … aber das ist in Ordnung.«

Lehrerin sucht ihr Brillenetui: »Ich verschlampe eigentlich nie was … soweit ich das mitbekommen habe.«

Schüler: »Scheiße.«
Lehrer: »Sag mal, spinnst du? Gewöhn dir mal die europäischen Sprachstandards an!«

LEHRER: »SCHÜLER!«
SCHÜLER: »JA, WAS SOLL ICH TUN?«
LEHRER: »DU SOLLST INTERESSIERT SCHAUEN!«

Lehrerin: »Wenn die Hormone kreisen, geht der Verstand auf Reisen.«

Chemielehrer: »Und aus relativ harmlosen Elektronen werden dann relativ ... nicht harmlose Betateilchen.«

LEHRER: »KRIEGT IHR AUCH MANCHMAL KOPFWEH VON DEM, WAS EURE MITSCHÜLER SO SAGEN?«
SCHÜLER: »ICH SCHLAF DA IMMER!«
LEHRER: »DAS KANN ICH JA SCHLECHT MACHEN. WIE SOLL ICH BEI EURER LAUTSTÄRKE DENN EINSCHLAFEN?«

Lehrer: »Das Kalisalz ist so selten, weil es so wenig davon gibt.«

Lehrer: »Hast du Zahnpasta im Ohr, kommt dir alles leiser vor.«

Lehrerin: »Ich finde es gut, dass Schüler Lehrer auch mal reden lassen.«

Lehrerin diskutiert mit den Schülern über das Ziel der Klassenfahrt.
Marvin: »Also in Prag, da will ich nicht hin, da laufen nur Assis rum.«
Lehrerin: »Ja, wenn Sie dann da sind, schon.«

Lehrer: »So, wie sind wir jetzt noch mal auf meine Frau gekommen? Ach ja, Sextourismus.«

Lehrer: »Kennedy war sehr menschlich zu den Negern.«

Lehrerin: »In der anderen Klasse hat einer gefragt, was der Unterschied zwischen der UNO und UN ist, hihi.« Keiner lacht. »Was? Ihr findet das nicht witzig?«

Diskussion im Englischunterricht über die Übersetzung von »scrambled eggs«. Schüler: »Was ist denn der Unterschied zwischen Omelett und Rühreiern? Wieso kann man das nicht mit ›Omelett‹ übersetzen? Bei uns sieht das immer gleich aus!« Lehrerin: »Ich bin erschüttert!«

Lehrer: »Früher hat der Dreck nur gestunken, aber jetzt redet er auch noch.«

Lehrerin: »Sie sollen nicht auf das hören, was ich sage, sondern auf das, was ich meine!«

Lehrer: »Es gibt schnelle Schüler, es gibt langsame Schüler, und es gibt euch!«

Lehrerin: »Pädagogik ist die Kunst, aus Zwergen Durchschnittsmenschen zu machen, die sich für Riesen halten.«

LEHRER ZU AUFMÜPFIGEM SCHÜLER:
»DU BRÄUCHTEST SO EIN T-SHIRT, AUF DEM STEHT:
ICH BRAUCHE AUFMERKSAMKEIT.«

Lehrerin: »Augen zu, Mund auf!«

Chemielehrer: »Standing ovations bitte erst, wenn ich ZWEI Salze auflöse!«

Lehrerin: »Ich konnte noch nie gut putzen, deshalb bin ich Lehrerin geworden.«

Schülerin: »Wie ist denn die Klassenarbeit ausgefallen?«
Lehrer: »Ja, sie ist ausgefallen …«

Lehrerin bei der Rückgabe einer Klassenarbeit: »Wenigstens habt ihr keine Spickzettel benutzt.«
Schüler: »Woher wollen Sie das wissen?«
Lehrerin: »Die Ergebnisse waren zu schlecht.«

Französischlehrerin: »Die Regel lautet: Keine Regel ohne Ausnahme.«

LEHRER: »WENN MAN MIT DEM KOPF IN DIE SCHEISSE GEDRÜCKT WIRD, MUSS MAN DAS HINTERHER WIEDER ABWISCHEN.«

Lehrerin erzählt vom Museumsbesuch mit einer anderen Klasse: »Der Führer war ganz begeistert, so eine tolle Klasse, die haben so viel gewusst. Da haben wir echt gut geblufft!«

LEHRER: »HERR TRITTIN BEKOMMT BESTIMMT KEINEN JOB IM ATOMKRAFTWERK, HÖCHSTENS IM REAKTOR.«

Deutschlehrer: »Manche Leute erbrechen regelmäßig Text in ihren Aufsätzen.«

Kunstlehrer: »Für was steht die Schlange. Außer für die Frau?«

Schüler: »Haben Sie den Verweis schon abgeschickt?«
Lehrerin: »Keine Sorge, den kriegen Sie schon noch.«

Lehrer: »Ich denke das, ich meine das, es ist so.«

Schüler 1: »Warum machen wir das?«
Schüler 2: »Damit wir es lernen, du Depp!«
Lehrer: »Bitte keine Vornamen!«

Schüler hat gerülpst, alle lachen: »Hat das jetzt jeder gehört?«
Lehrer: »Ich nicht, kannst du das noch mal wiederholen?«

Lehrerin zu Schüler: »Mit dem, was Sie nicht wissen, könnten noch zwei weitere Schüler durchfallen!«

Lehrer: »Ich sollte nächstes Mal mit dem ganzen Zaun winken.«

Lehrer: »Ruft nicht nach Hilfe, wenn ihr vergewaltigt werdet. Ruft ›Freibier‹, da kommen sicher mehr Leute.«

Lehrer: »Und wer von denen, die sich jetzt nicht gemeldet haben, hat nicht aufgepasst?«

Lehrer: »Wenn du jetzt nicht aufpasst, dann schick ich dir per Mail einen Verweis. Einen Verweis to go.«

Lehrerin: »Wenn ihr das seht, werdet ihr Ohren machen!«

Schülerin im Englischunterricht: »When I paint a picture, it's for eternity.«
Englischlehrer: »Until it rots.«

Lehrer zu Schüler: »Hast du für dein letztes Zeugnis Geld bekommen?«
Schüler: »Nö, wieso?«
Lehrer: »Weil du dann jetzt alles zurückzahlen müsstest.«

Französischlehrerin: »›Aller‹ ist eigentlich ganz pflegeleicht …«

Lehrer, in der letzten Stunde vor den Osterferien: »Und vergessen Sie nicht: Wer Ostern mit den Eiern spielt, hat Weihnachten Bescherung.«

Schüler: »Welche Staatsform hatte das Römische Reich?«
Lehrer: »Das perverse Kaisertum!«

Lehrer zu Schüler: »Bei dir möchte ich keine Gehirnzelle sein. Ich hasse es, allein zu sein!«

Lehrerin: »Dein Arbeitsblatt sieht aus, als ob du es schon als Klopapier verwendet hättest!«

Lehrer: »Mensch, hatte die lange Beine … bis zum Boden!«

Lehrer: »Wer mag seine Hausaufgabe vorlesen?«
Kein Schüler meldet sich. »Du vielleicht?«
Schüler: »Nein.«
Lehrer: »Dann liest du sie bitte trotzdem vor.«
Schüler: »Ich will aber nicht. Dürfen Sie das überhaupt?«
Lehrer: »ICH DARF ALLES!«

Lehrerin: »So, das reicht für heute. Was ihr nicht wisst, könnt ihr bis morgen auch nicht vergessen.«

LEHRER: »NACH ADAM RIESE UND EVA ZWERG ...«

Lehrerin: »Wir vergleichen jetzt mal Menschen mit Tieren. Du zum Beispiel siehst aus wie ein Schwein mit Ringelschwänzchen.«

LEHRER: »DIE BUSCHMÄNNER HABEN AUCH NICHT EINFACH GESAGT: BLOSS WEIL DRAUSSEN DIE SONNE SCHEINT, BIN ICH JETZT NEGER.«

Lehrer: »Ich versuche meinen Unterricht so zu gestalten, dass am Ende noch alle leben.«

Lehrer: »Warum ist der Osterhase männlich? Weil er seine Eier im Säckchen hat. Wäre er weiblich, hätte er die Eier im Stöckchen.«

Schülerin nach einer erneuten falschen Antwort: »Ich glaube, ich sag heute gar nichts mehr!«
Lehrer: »Sie sind meiner herausfordernden Art nicht gewachsen.«

LEHRERIN: »JETZT MAL GANZ EHRLICH, LERNT IHR ÜBERHAUPT?«

Lehrer auf falsche Antworten der Schüler: »Da krieg ich ja geistige Pickel!«

Biologielehrer: »Die neuesten Erkenntnisse über Saurier stammen aus dem Jahr 1977.«

LEHRER: »NINA, MUSST DU ZU ALLEM DEINEN SENF GEBEN? WIR SIND DOCH NICHT DEINE WÜRSTCHEN.«

Lehrerin: »Die Dümmsten fragen immer am meisten.«

Lehrer: »Aquapower. Der Strom ist dann schon trocken, es tröpfelt nichts aus der Steckdose.«

Lehrer: »Der Erderschütterer Poseidon hat Troja flachgelegt.«

Schülerin: »Ich will mal Model werden.«
Lehrer: »Klar, im Hundefutterkatalog!«

Geschichtslehrerin über wirtschaftliche Entwicklung nach dem Ersten Weltkrieg: »Nach 1929 geht es dann weiter aufwärts. Hups, nein, das war jetzt nicht so gut, da kommt nämlich dann die Weltwirtschaftskrise.«

Lehrer: »Patrick Lindner, G. G. Anderson und wie die Schmalzpropheten alle heißen.«

Lehrerin: »Niveau ist keine Hautcreme.«

Deutschlehrer: »Damals, in meiner Sturm-und-Drang-Zeit bin ich mal mit dem Auto in 'nen Gartenzaun reingefahren. Mittlerweile bin ich zur Klassik übergegangen.«

Lehrerin: »Für heute keine Klobesuche mehr. Sie können dann morgen gehen.«

Lehrer bei der Herausgabe einer Stegreifaufgabe: »Wie viele Punkte hat ein Blinder?«
Schüler: »Drei!«
Lehrer: »Na super, immerhin mehr als du.«

Lehrer notiert etwas an der Tafel: »Ich muss jetzt schöner schreiben, damit ihr seht, welche Buchstaben fehlen.«

Lehrer: »In der Stadt gibt es mehr Freizeitmöglichkeiten, also werden auf dem Land mehr Kinder produziert.«

LEHRER: »MANN, MARIO, JETZT SETZ DOCH ENDLICH DIE KAPPE AB. ODER HAST DU ANGST, DASS DEIN GEHIRN AUSLÄUFT?«

Lehrerin: »Diese ganzen alten Männer, die treten alle ab. Nicht freiwillig natürlich, sondern biologisch bedingt.«

LATEINLEHRER: »OH, SANCTA NAIVITAS, LASS ES ABEND WERDEN!«

Lehrer: »Es gibt eine Liste von Leuten, die schlauer sind als du, Sarah, und diese Liste heißt Klassenliste.«

Im Biologieunterricht wird besprochen, wie sich Nervenzellen durch Teilung vermehren.
Schüler: »Geht das auch beim Gehirn?«
Lehrer: »Theoretisch geht das auch beim Gehirn, aber bevor die Zellen sich teilen, muss man erst mal welche haben!«

Lehrer: »Sie halten alles für möglich und das Dümmste für wahrscheinlich.«

Lehrer: »Ich hab meinem Sohn heute einen Verweis angedroht. Er hat dann gemeint: ›Dann weißt du ja, wo du ihn hinschicken musst‹!«

Lehrerin: »Mein Studium war kostenlos, Ihres ist umsonst.«

LEHRER ERZÄHLT VON SEINEN AUTOS, ALS ER JUNG WAR: »ICH HAB MAL EINE FREUNDIN GEHABT, DIE HATTE EINEN KÄFER MIT 75 PS.«
SCHÜLER: »UUUIIIH!«
LEHRER: »JA, DAS WAR ABER AUCH DAS EINZIG TOLLE AN IHR.«

Lehrer: »Ente gut, alles gut!«

Lehrerin: »Man kann eigentlich alles essen. Fragt sich nur, wie oft.«

Lehrerin: »Ich will nicht sagen, wer die schlechteste Arbeit hat. Aber, Johannes, das war nix!«

Lehrerin: »Ruhe jetzt, wir sind hier schließlich nicht auf der Hauptschule!«

Lehrer: »Überlasst das Denken lieber den Pferden, die haben einen größeren Kopf.«

Lehrer: »Wenn dein Körper proportional zu deinem Gehirn wäre, könntest du unter dem Teppich laufen.«

Lehrer: »Wer im Glashaus sitzt, sollte sich im Dunklen ausziehen.«

Lehrer zu Schüler: »Gratulation, du hast das geistige Niveau eines Schnitzels erreicht.«

Lehrer: »Früher, nach dem Krieg, als das Brot rationiert war ... Ich weiß, ihr könnt euch noch dunkel dran erinnern.«

Lehrer: »Im Bier sind weibliche Hormone. Wenn man viel davon trinkt, redet man nur Mist und kann nicht mehr gescheit Auto fahren.«

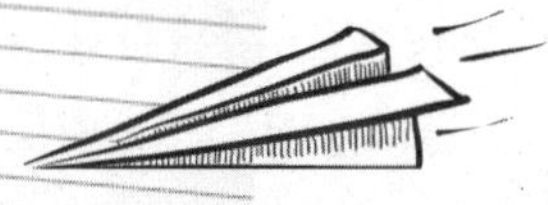

Lehrerin: »Die Juden litten im KZ so sehr wie ... ähm ... wie ihr in der Schule, nur noch schlimmer.«

Englischlehrer: »If you have no questions, become a politician!«

LEHRER ZU SCHÜLER, DER DEN UNTERRICHT STÖRT: »ICH GLAUBE, DEINE NOTE WIRD MIT ›M‹ ANFANGEN UND MIT ›ANGELHAFT‹ AUFHÖREN.«

Lehrer: »Steht ihr unter Drogen, oder warum werft ihr andauernd mit Papierkügelchen um euch?«

SCHÜLER: »WARUM HEISST DAS SILICON VALLEY EIGENTLICH SILICON VALLEY?«
LEHRER: »IST DAS VIELLEICHT, WEIL DIE DA ALLE SILIKON-TITTEN HABEN?« ER GREIFT AN SEINE IMAGINÄREN BRÜSTE. »SO RICHTIG, RICHTIG FETTE TITTEN?«

Lehrerin: »Natürlich komme ich zum Abiball. Ich muss doch feiern, dass ich euch los bin!«

Schüler: »Was heißt ›Ich spinne‹ auf Englisch?«
Englischlehrerin: »I spider.«

Lehrer: »Oje, heute läuft wirklich alles schief. Wisst ihr was, ich habe eine Idee: Scheißt einfach drauf und geht nach Hause!«

SCHÜLERIN: »DAS WAR TOTAL GEMEIN IN DER KLASSENARBEIT, DAS HABEN SIE UNS VORHER NICHT RICHTIG ERKLÄRT!«
LEHRER: »JA, KLAR, UND WENN DER BAUER NICHT SCHWIMMEN KANN, LIEGT'S AN DER BADEHOSE.«

Lehrer: »Nicht jeder, der seine Hände in den Schoß legt, ist untätig.«

Schüler: »Frauen sind auch Menschen!«
Lehrer: »Paul, bei dir wirkt sich der Sport wirklich aufs Hirn aus.«

Lehrer: »In meiner 10. hat keiner was gesagt, bis ich in ein Mädchen geistig hineingebohrt habe.«

Lehrerin: »Jetzt tun wir einfach mal so, als ob ihr es kapiert hättet.«

Lehrer: »Wo ist der Daniel?«
Schüler: »Der schreibt Nachprüfung in Chemie.«
Lehrer: »Das geschieht ihm recht!«

Lehrer: »Wenn Faulheit stinken würde, wäre hier drin ein ganzer Misthaufen.«

Biologielehrer: »Und woher haben wir unsere Abwehrkörperchen?«
Alle Schüler heben die Hand.
Lehrer: »Also, auf jeden Fall nicht von Actimel.«
Alle Schüler nehmen die Hand runter.
Lehrer: »Was zur Hölle ...?«

Lehrer: »Nur wer vögelt, kriegt die Vogelgrippe.«

Lehrerin: »Da fehlt ein f. das musst du noch ergänzen. Das ist das lange Ding mit der Schleife oben und einem Querstrich!«

Lehrer: »Haltet mich doch nicht für bescheuert! Ich bin schon bescheuert genug.«

Lehrer: »Der Stumpfsinn hat eine nach oben hin offene Richterskala.«

Schüler: »Herr Winkler, wir sind morgen nicht da, wir fahren ins Neandertalermuseum.«
Lehrer: »Ah, zurück in die Heimat!«

Lehrerin: »Warum zucken Sie so zusammen? Wir haben doch eine kulturelle Vereinbarung, dass ich Sie nicht schlagen darf.«

Schüler: »In welchem Zeitalter leben wir?«
Lehrer: »In der Gegenwart.«

Lehrerin zur 13. Klasse: »Ihr seid ein guter Jahrgang. Leider kann man euch nicht aufheben wie eine Flasche Wein.«

Lehrer klappt ein Buch auf: »Oh, da habe ich gestern wohl eine Eintagsfliege eingearbeitet. Eigentlich bin ich ja tierlieb, aber wenn sie's nicht rechtzeitig schafft, vom Blatt hochzukommen …«

Lehrer: »Oh, Herr, lass Gras wachsen! Die Rindviecher werden immer mehr.«

Lehrer: »Ich schick deinen Eltern wegen der Sechs doch keinen Brief. Da spar ich mir die 55 Cent für die Briefmarke und kauf mir dafür lieber eine Kugel Eis.«

Lehrer zu Schüler in der 12. Klasse: »Ihr seid doch jetzt schon alte Hasen im Schulbusiness.«

Lehrerin: »Nächstes Mal kommen in der Klassenarbeit nur Multiple-Sklerose-Fragen dran.«

Erdkundelehrer: »Ich hab die ganze Welt gesehen – auf der Landkarte!«

Lehrer: »So, das wär's für heute gewesen: langer Rede, gar kein Sinn.«

Lehrer zu Schüler: »Wenn du nicht aufhörst, werde ich dir so eine knallen, dass du drei Tage Propeller spielst.«

Lehrer: »Was heißt hier, ihr opfert eure Wochenenden? ICH opfere eure Wochenenden!«

Schüler im Deutschunterricht: »Die Kurzgeschichte ist total unrealistisch.«
Lehrer: »Wieso? Glaubst du nicht, dass im realen Leben Menschen umgebracht werden? Schaust du nie **Tatort** oder **CSI**?«

Lehrer: »Es ist wissenschaftlich erwiesen, dass Rapunzel blonde Haare hatte. Jede normale Frau hätte einfach die Tür aufgemacht.«

Lehrer: »Wenn ihr mich nach den Ferien nicht wiederseht, dann hat es einen weiteren Lehrer platt gemacht – von der Bildung erschlagen.«

Bildnachweis

Fotos: Shutterstock: Maridav S. 3, 9, 47, 85, 93, 131,167, 173, 211/ Ann Precious S. 10, 48, 86, 94, 132, 168, 174, 212/ Picsfive S. 5, 19, 29 u., 36 o., 45 o., 53, 65, 75, 83, 91, 113, 145, 156 u., 165, 184, 197, 209, 222 u., 237 o./ art_of_sun S. 13, 22, 39, 59, 68, 97, 107, 120, 127, 135, 153 o., 183, 191 u., 202 o., 217 u., 229 o., 242 u./ 89studio S. 16, 25, 32, 43, 54, 60, 67, 76, 81, 82, 100, 110, 115, 123, 128, 139, 147, 159, 179, 192, 205, 221, 230, 239, 246/ LHF Graphics S. 3, 6, 7, 12, 18 u., 19, 26, 30 - 31, 33, 34 - 35, 36 u., 37, 45 u. r., 48 o., 52 o., 57, 60, 68, 73 u., 76, 78, 81, 109, 111, 113 u., 116 - 117, 118, 119, 121 u., 122, 123, 136 o., 143 u., 146, 152, 153 u., 154, 155, 156 o., 157, 158, 159, 168 o., 171 o., 177 u., 181 o., 183, 190 u., 194, 200 o., 201, 202 u., 207, 209 u., 212 u. r., 214, 215, 216, 217, 226, 236, 238, 239/ Petr Vaclavek S. 8, 9, 10, 14, 15, 16, 17, 18 o., 20, 21, 23, 24, 25, 27, 28, 29 o., 31 u., 32, 34 o., 38, 39, 40, 41, 43, 45 u. l., 46, 47, 48 u., 49, 50, 51, 52 u., 53, 54, 55, 56, 58, 61, 62, 63, 64, 67, 69, 70, 72, 73 o., 76, 77, 79, 81, 82, 83, 84, 85, 86, 88, 90, 91 u., 92, 93, 94, 95, 96, 97, 98 – 99, 100, 101, 102, 103, 104, 105, 106, 107, 108, 110, 114, 115, 117 u., 121 o., 124, 125, 126, 128, 129, 130, 131, 132, 133, 134, 135, 136 u., 137, 138, 139, 140, 141, 142, 143 o., 144, 145, 146, 147, 148, 149, 150, 151, 161, 162, 163, 165, 166, 167, 168, 171 u., 172, 173, 174, 175, 176, 177o., 179, 180, 181 u., 182, 183 u., 184, 185, 186, 187, 188, 189, 190 o., 191 o., 192, 195, 196, 198, 200 u., 203, 204, 205, 206, 209, 210 211, 212, 218, 219, 220, 221, 222 o., 223, 224, 225, 229 u., 230, 231, 232, 233, 234, 237 u., 241, 242 o., 243, 244, 245, 246;

Daniel Krause

LEBE BEKLOPPT, ABER GEIL

Das Beste aus Krauses Universum

In unserer vergnügungssüchtigen Zeit kann auf Dauer nur mithalten, wer ein bisschen bekloppt ist. Es gilt also, ein paar Schrauben im Kopf zu lockern, um im täglichen Kampf um Erfolg, Spaß und guten Sex mitzuhalten. Krause hat kein Stadium des Alltagswahnsinns ausgelassen. Er kann von aus dem Ruder gelaufenen Anabolikakuren erzählen, von Facebook-Dates, die im Wahnsinn enden, von Puffbesuchen, die zur Lachnummer wurden, von Begegnungen mit Mafiosi und Yakuza, von Viagra-Testläufen mit unerwartetem Ausgang und, und, und ... Mit anderen Worten: Wer Krause liest, kann mitreden im Zeitalter der Bekloppten.

KNAUR TASCHENBUCH VERLAG

Kai Lange

SCHAB NIX GEMACHT!

Geschichten aus der Hauptschule

Obwohl die Schüler sein Nervenkostüm oft sehr strapazieren, gibt es für Kai Lange keinen schöneren Beruf, als Lehrer zu sein. Zwar gilt es, nicht zu verzweifeln, wenn man jede Pause erneut herausfinden soll, wer denn nun zuerst »Hurensohn« gesagt hat. Oder wenn Schüler Akin nach vier Jahren Englischunterricht immer noch glaubt, »I would« heiße auf Deutsch »Ich bin wötend«. Aber Kai Lange nimmt seinen Job mit Humor. Seit Jahren notiert er sich die ebenso aberwitzigen wie lustigen Geschichten, die er tagtäglich erlebt. So schafft er es nicht nur, im Chaos des Alltags einen kühlen Kopf zu bewahren, sondern auch, seinen Schülern tatsächlich etwas beizubringen.

KNAUR TASCHENBUCH VERLAG

Thilo Mischke

DIE FRAU FÜRS LEBEN BRAUCHT KEINEN GROSSEN BUSEN

Thilo wird 30, und eigentlich ist es ja nur eine Zahl, aber plötzlich ist er nicht mehr zufrieden mit seinem Leben. Damit, dass das Leben aus einer Abfolge von Kurzzeitbeziehungen und One-Night-Stands besteht.

Aber jetzt hat er es satt, er will der Liebe endlich ins Gesicht blicken, sie zulassen und nicht länger davonlaufen. Um dieses spießige Lebensgefühl auszuprobieren, schnappt er sich die nächstbeste attraktive Frau und zieht mit ihr zusammen – 9 ½ Wochen, auf Probe.

KNAUR TASCHENBUCH VERLAG